LQI

On agite un enfant, Paris, La fabrique, 2011
Des histoires chiffonnées, Paris, Gallimard, 2019

Yann Diener

L Q I

Notre Langue Quotidienne Informatisée

Deuxième tirage

Paris
Les Belles Lettres
2022

© *2022, Société d'édition Les Belles Lettres*
95, bd Raspail, 75006 Paris
www.lesbelleslettres.com

ISBN : 978-2-251-45278-4

J'ai tenu ce journal au début des années 2020, quand on pouvait encore faire la différence entre la parole et la communication. Mais déjà, dans beaucoup de situations, on n'y voyait plus très clair.

« Les personnages de ce roman étant réels, toute ressemblance avec des individus imaginaires serait fortuite. »

Raymond Queneau

1

Une contagion d'oublis

Je viens de passer quarante-huit heures à refouler plus qu'à l'accoutumée. D'abord, j'oublie mon identifiant, indispensable pour ouvrir mon ordinateur à l'hôpital. Je passe la matinée à essayer de joindre le service informatique. Le soir, enfin rentré chez moi, je dois faire un virement pour une location de vacances ; alors j'entreprends d'accéder à mon compte bancaire en ligne. J'entre mon identifiant sans me poser de questions, mais voilà que mon code secret, lui, m'échappe. Je fais trois essais infructueux, alors crac, la machine me dit que pour des raisons de sécurité, mon accès est bloqué. Je clique sur le lien intitulé « Mot de passe oublié ? » ; je suis scrupuleusement la procédure, en répondant à plusieurs questions intimes censées m'identifier ; avec succès puisque finalement ce message s'affiche : « Vous recevrez un nouveau mot de passe par la poste dans trois jours. » Entre-temps, j'aurai perdu mon option sur ma location de vacances.

Là-dessus, je passe une bonne nuit avec des rêves sans mots de passe, sans *login*, sans identifiants. Au petit matin je presse le pas, j'arrive à l'heure à mon cabinet, mais je reste bloqué devant la porte de l'immeuble : impossible de me souvenir de la combinaison du digicode. C'est le code secret de ma carte bleue qui me vient à la place. Allez savoir pourquoi. Je me dis que je vais avoir l'air bête si mon premier patient arrive et me trouve planté là en pleine opération de refoulement. Je suis sauvé par un voisin qui sort de l'immeuble. Je peux entrer avant l'arrivée des analysants – je ne vous ai pas encore dit : je pratique la psychanalyse, je fais ça tout le temps, le matin à mon cabinet, l'après-midi à l'hôpital.

Toute la matinée, entre les séances, j'essaye d'analyser cette contagion d'oublis. J'associe librement, mais vainement. Machinalement, j'ouvre *Psychopathologie de la vie quotidienne*, mon livre préféré de Freud, voire mon livre préféré tout court. Avec ce texte, publié en 1901, Freud donnait le premier toute leur importance à nos petites bévues quotidiennes : les actes manqués, les lapsus et les oublis, qui racontent quelque chose, comme les rêves. En lisant ces différentes productions comme des textes à traduire, Freud a saisi que l'inconscient s'exprime sous forme de messages chiffrés – comme les « messages personnels » diffusés par Radio Londres à l'intention des réseaux de résistance. « Message important pour Nestor : la girafe a un long cou. Je répète : la girafe a un long cou. »

L'inconscient aussi doit tromper la censure : nous déguisons nos fantasmes en symptômes, et dans les rêves nous camouflons nos désirs réprouvés. Alors, de temps en temps, forcément, nous nous prenons les pieds dans le tapis du langage.

Je peux oublier un mot qui en lui-même n'a rien de gênant, mais qui est bêtement, phonétiquement, associé à un mot qui pour moi est problématique. Nos chaînes signifiantes se connectent et s'emmêlent selon un jeu d'assonances, et non en fonction du sens : les mots s'entraînent entre eux dans des chaînes de refoulement, en suivant des voies associatives. C'est en fonction de ces associations que se forment des messages chiffrés très personnels ; et c'est en découvrant ces mêmes associations, en y prêtant attention sur le divan, que l'analysant pourra déchiffrer son propre message.

Le premier chapitre de la *Psychopathologie de la vie quotidienne* est consacré à l'oubli des noms propres, le deuxième chapitre à l'oubli de mots en langue étrangère, et le troisième à l'oubli de suites de mots. Il n'y a pas de chapitre sur l'oubli des identifiants.

Un identifiant, ça n'est pas un nom, c'est une sorte d'avatar du nom. On peut le modifier, mais il est d'abord proposé par l'ordinateur, souvent composé d'une partie du nom flanquée de plusieurs chiffres. C'est un agglutinement alphanumérique, une production du langage machine. Alors, selon la classification proposée par Freud, peut-on considérer l'oubli d'identifiant comme un cas particulier d'oubli de mot appartenant à une langue étrangère ?

On ne construit pas des phrases, on ne fait pas de jeux de mots avec un identifiant. On ne le refoule pas vraiment comme on le fait pour un nom : on le recrache plutôt comme un morceau de novlangue informatique qu'on aurait avalé de travers. Quand la machine me demande mon mot de passe, elle me suggère en même temps de l'oublier : « Mot de passe oublié ? » Ce qui peut sonner comme une injonction à l'oublier – sur moi ça marche assez bien. Et quand il m'est proposé de « récupérer » mon mot de passe, je dois en fait en créer un nouveau.

*

Quand j'ai commencé à travailler à l'hôpital – c'était il y a vingt-cinq ans –, il y avait un seul ordinateur dans le service : celui de la secrétaire. Et nous avions chacun un agenda « papier ». Aujourd'hui, chaque bureau de consultation est équipé d'une machine, et l'on doit s'y coller vingt fois par jour pour consulter l'agenda « électronique ». Je ne peux pas raturer ou biffer sur l'écran comme je le fais sur un agenda papier : je ne peux pas aussi simplement noter une remarque à côté du nom d'un patient, préciser les raisons d'une absence, ou encore marquer d'une flèche le trajet d'un changement de rendez-vous – autant de traces qui ont leur intérêt clinique, mais qui sont aujourd'hui effacées, englouties par la raison informatique.

Mon premier geste quand je commence mes séances à l'hôpital n'est donc plus de parler avec un patient, mais bien de communiquer avec un ordinateur.

Quand quelqu'un appelle à mon cabinet pour prendre rendez-vous, je lui donne l'adresse, et je dois ajouter : « *Notez les codes* », ou bien : « *Je vous donne les codes* ». Or, la technique psychanalytique consiste d'abord en un déchiffrage des symptômes ; une opération qui exige de l'analyste et de l'analysant qu'ils sortent des conventions de la conversation d'usage, pour que puissent se dire des petites choses qui dans un premier temps semblent sans intérêt.

Je vais essayer de raconter comment cette pratique est modifiée quand elle commence par l'énoncé d'un code, ou quand le chiffrement sature d'emblée la parole.

Je ne suis pas technophobe, je ne jetterai jamais mon ordinateur portable aux orties – j'en suis trop dépendant, je le trimbale partout avec moi, j'en ai besoin tous les jours pour écrire, et pour *faire des mails*.

Il peut être très utile à certaines tâches, mais il y a des domaines dans lesquels l'ordinateur conduit surtout à une destruction des pratiques. Je ne parle pas simplement de l'idée de contre-aide (quand on passe beaucoup de temps à accomplir une tâche toute bête parce qu'on ne maîtrise pas le logiciel, alors qu'on serait déjà passé à autre chose sans ordinateur). Plus fondamentalement, il existe une torsion informatique des pratiques, qui commence par une rupture de leur transmission. Je le constate tous les jours à l'hôpital, et je vais m'efforcer d'en dire quelque chose ici.

Ni technophobe, ni technophile : je veux seulement prendre quelques notes pour les temps où nous ne pourrons plus du tout faire la différence entre la parole et la communication dont se contentent les abeilles, les ordinateurs et les DRH.

Quand la communication aura complètement pris le pas sur la parole, quand nous ne ferons plus que communiquer des informations, on ne verra plus du tout la différence. Quand j'entends quelqu'un me dire : « Je n'arrive pas à communiquer », j'ai envie de répondre que c'est normal, parce que nous ne sommes pas encore complètement devenus des machines.

Une collègue à l'hôpital m'explique qu'elle a de plus en plus de mal à *communiquer* avec ses enfants, qui deviennent adolescents. Je lui réponds, bête et méchant : « *Et tu as essayé de* parler *avec eux ?* » (Alors, d'autres collègues, qui ont entendu l'échange, me lancent, agacés : « *Oui, on sait, communiquer et parler, c'est différent, merci !* »)

*

La question n'est plus de savoir si l'on est pour ou contre le numérique, mais de savoir si nous sommes encore en mesure de préciser ce que la numérisation de la vie quotidienne modifie chez les êtres parlants que nous sommes. Je ne parlerai pas des changements de circonstance – je suis moins attentif à mes proches lorsque je suis collé à un écran –, je voudrais parler de ce qui se modifie durablement dans la langue du fait de l'intrusion du vocabulaire informatique dans le langage courant.

*

La question des identifications n'était déjà pas simple : jusque-là, on devait faire avec des identifications à des images parentales plus ou moins embarrassantes, et l'on pouvait passer pas mal de temps sur un divan pour s'en dégager ; aujourd'hui, pour « sécuriser nos échanges numériques », pour beaucoup d'opérations de notre « vie numérique », il nous est conseillé de choisir « le mode d'identification à deux facteurs ». C'est-à-dire qu'un code secret ne suffit plus : quand vous avez entré un identifiant et un code secret pour accéder à un site marchand, au moment où vous vous apprêtez à payer, le site vous demande un « code de sécurité », que votre banque vous envoie sur votre téléphone portable pour être sûr que c'est bien vous qui êtes en train de procéder à un paiement ou à un virement. (Comme dans certains immeubles où il faut composer deux codes pour entrer : on s'y est habitué, mais c'est un peu fou.) Comme toutes ces procédures de sécurité ont des limites et prennent du temps, on est en train de passer à un mode d'identi-fication par empreinte digitale, ou par reconnaissance faciale : ça n'est plus une opération d'achat, c'est de l'anthropométrie, c'est une opération de police !

Mon hypothèse : cette omniprésence du codage est la marque d'un traumatisme. Ce geste qu'on répète partout sans arrêt, cette folie des codes, c'est une répétition traumatique. Mais de quel trauma ? Pour répondre à cette question, il faut situer l'inven-tion de l'ordinateur dans son contexte historique et politique – l'ordinateur qui aurait justement tendance à ne pas avoir d'histoire, et à fonctionner sans passé. Il y a bien peu d'historiens de métier qui ont choisi l'informatique comme objet de recherche, alors que

l'invention et l'expansion de cette technologie sont
déterminantes pour notre histoire politique récente.
Il faudra aussi aller voir du côté de ceux qui ont
inventé les langages informatiques, des langages qui
organisent une prédominance du codage dans tous
nos échanges, dans toutes nos productions, matérielles
comme intellectuelles.

*

En linguistique, on différencie la parole et le code du
langage. Le code fixe le sens conventionnel des mots :
c'est la part de convention du langage ; la parole est
une création singulière : quand on parle, on s'appuie
sur cette convention, y compris quand on prend
des libertés. En fonction de l'énonciation, un même
énoncé pourra prendre des significations très différentes. L'énonciation, c'est le ton, le rythme, la ponc-
tuation, les modulations de la voix ; c'est la part
singulière de celui qui parle.

Le code du langage est implicite, plus ou moins
intégré par chacun ; il n'est pas rappelé explicitement
à tout bout de champ. Si nous le mettons en relief en
permanence, jusque dans nos plus simples gestes, s'il
en est question tout le temps, alors il y a moins de
marge pour la parole. Si le système de codage devient
totalisant, on entre dans le confort de la masse, et
la polysémie, les malentendus, l'équivoque et l'humour
deviennent particulièrement dangereux.

2

Alan Turing comme vous et moi

Ce matin, je ressens une envie furieuse de lire une biographie d'Alan Turing. C'est l'homme qui le premier a eu l'idée d'écrire un programme informatique. Je veux savoir comment cette idée lui est venue, j'ai envie de comprendre comment cette affaire est devenue notre réalité quotidienne. Alors je commande chez mon libraire le livre d'Andrew Hodges, qui après quelques recherches m'apparaît comme la biographie la plus complète du génial mathématicien anglais.

Lui-même mathématicien, Andrew Hodges raconte très clairement le parcours de Turing et le trajet de ses idées.

Alan Turing est né à Londres en 1912. Quand il a un an, il est confié avec son frère aîné à une famille d'accueil – leur mère rejoignant leur père qui travaille pour l'administration coloniale en Inde. À l'école, le jeune Turing ne s'intéresse qu'aux matières scientifiques, aux nombres, et aux énigmes mathématiques. Il peut rester des heures allongé dans l'herbe à regarder une plante pousser, en cherchant

à comprendre comment ça marche. Ses camarades
de classe se moquent de lui, et le maltraitent allègrement. Quand ils l'enferment sous le parquet du
dortoir de l'internat, Alan ne bronche pas, il ne se
manifeste pas, il se mure dans le silence pendant
toute une journée.

Entre 1931 et 1934, il étudie les mathématiques à
Cambridge ; il est très vite remarqué par ses profes-
seurs, et obtient une bourse de thèse grâce à sa
démonstration d'un théorème. En 1936, il entre dans
la cour des grands en publiant un article majeur,
« *On Computable Numbers* » (« Sur les nombres
calculables »). C'est avec ce texte que Turing fonde
l'informatique moderne : encore doctorant, il rend
public son projet de construire une machine inédite,
capable de faire « tourner » un programme. Il projette
un calculateur qui exécutera une suite de tâches de
manière automatique, sans demander un réglage
manuel pour chaque opération, comme c'est le cas
pour les calculateurs existants, qui sont encore
des machines électromécaniques. Turing décrit ce qu'il
appelle une « machine universelle » – qui sera plus
tard nommée « Machine de Turing ».

Dans son article fondateur, le jeune logicien montre
comment les tâches à exécuter devront être codées
pour pouvoir être lues et interprétées par la machine :
il prévoit que les programmes seront constitués d'une
suite de lignes de codes.

Turing pose ainsi les bases théoriques d'une science
qui ne s'appelle pas encore l'informatique, et qui va
être développée par différentes équipes dans les années
suivantes. C'est d'abord l'Américain John Von Neumann

qui s'appuiera sur les idées de Turing pour dessiner l'architecture concrète des futurs *computers*.

Quatre-vingts ans plus tard, les ordinateurs que nous utilisons tous les jours sont toujours construits selon l'architecture de Von Neumann ; c'est-à-dire une unité de contrôle – un *processeur* –, et une mémoire stockant à la fois le programme et les données à traiter (c'est cette dernière idée qui a rendu techniquement réalisable le premier ordinateur digne de ce nom).

En 1937 et 1938, Turing travaille à l'université de Princeton avec des logiciens. Ses recherches se déroulent alors dans le champ de la cryptanalyse, c'est-à-dire l'étude du chiffrage et du déchiffrage des messages. Il complète sa machine universelle avec ce qu'il appelle un *oracle* – c'est-à-dire une machine hypothétique, capable de résoudre un problème de décision en une seule opération élémentaire. C'est donc Turing lui-même qui introduit la dimension oraculaire dans le champ de cette technologie en train de naître. L'intervention divine au cœur de la machine. Et puis, bien avant que l'ordinateur ne soit construit, Turing lui confère une dimension ontologique : il y voit, je le cite, un « *être calculant* ».

*

Je n'avais pas beaucoup dormi cette nuit, alors je me suis assoupi sur la biographie de Turing, au moment où il était question des oracles. Et puis, au moment d'écrire ce chapitre, je suis pris d'une forte angoisse qui m'écrase la poitrine. Est-ce l'idée d'ingérence divine qui m'oppresse ? Ou alors, c'est la notion de nombres calculables qui me rappelle mon redoutable prof de maths en terminale ? C'est à ce moment que je me suis demandé si Turing avait eu l'occasion de rencontrer un psychanalyste. Son biographe n'en dit rien.

*

Repéré comme très doué en cryptanalyse, Turing est recruté par les services secrets britanniques dès les prémices de la Seconde Guerre mondiale : à vingt-six ans, il intègre l'équipe de cracks qui seront bientôt chargés de décoder les communications de l'armée allemande.

Pour crypter leurs communications militaires, les nazis utilisent la célèbre Enigma, une machine réputée inviolable. Alors que la première équipe de cryptologues britannique patine depuis des mois, Turing va trouver le moyen de casser les codes d'Enigma, en mettant en œuvre son idée d'une machine qui exécute automatiquement et rapidement des tâches répétitives. C'est sur la base de cette machine que les ordinateurs seront développés et perfectionnés après la guerre, par plusieurs laboratoires, dans différents pays ; mais l'histoire et le mythe feront d'Alan Turing un créateur isolé. Parce que c'est lui qui a cassé le code nazi.

C'est peut-être ça qui m'angoisse autant : dans sa biographie, il est tout le temps question du « code nazi » qu'il s'agissait de décoder ; ça doit me faire peur de comprendre que ce signifiant est au cœur de notre modernité machinique ; ça doit m'effrayer de comprendre que notre moyen de communication le plus courant, l'ordinateur, trouve une de ses sources dans les communications militaires de l'Allemagne nazie.

Quand le biographe de Turing parle du « code nazi », c'est un raccourci, pour éviter d'écrire à chaque fois « le code que les nazis utilisent pour crypter leurs communications » ; mais j'entends aussi le « code nazi » comme la part de convention de la langue nazie : le code fixant le sens conventionnel des mots et des expressions de la langue du IIIᵉ Reich – comme la nomme Victor Klemperer, ce professeur d'université à Dresde qui, à partir de 1933, a scrupuleusement noté dans son journal l'apparition des mots imposés par le régime hitlérien.

Quand on dit « je n'ai pas les codes », c'est aussi pour indiquer qu'on est mal à l'aise dans un certain groupe social. Sommes-nous plus à l'aise avec le nazisme depuis que nous avons saisi le code nazi ?

*

Depuis Turing et Von Neumann, nos ordinateurs personnels ont gagné en puissance et en convivialité, mais leur principe n'a pas changé : il s'agit toujours de faire exécuter une suite de tâches par des circuits imprimés, dans lesquels les informations et les instructions sont codées par des suites de 0 et de 1 ; ces valeurs étant matérialisées par la présence ou l'absence de courant électrique dans le circuit. Il existait déjà des calculateurs et des machines complexes avant Turing, comme Enigma, justement, qui était composée d'un clavier de machine à écrire couplé à des rotors qui transformaient une information en un message illisible. Mais ces machines exigeaient des actions mécaniques réalisées par des opérateurs humains. Je me répète un peu, parce que j'essaye de comprendre : je ne connais pas bien ces questions, alors je lis, je me renseigne.

C'est donc Alan Turing, qui aujourd'hui serait certainement considéré comme autiste, qui le premier a eu l'idée d'écrire un programme pour faire exécuter un algorithme par une machine. (Un algorithme, ça existe depuis l'Antiquité, c'est une suite de règles qu'on applique à des données pour résoudre un problème.) L'idée révolutionnaire de Turing est de coder à la fois les instructions et les données, pour que la machine puisse appliquer l'algorithme : elle peut ainsi accomplir des tâches et prendre des décisions en fonction des informations qu'elle reçoit.

Les premiers programmes étaient écrits directement en « code machine », qui prenait la forme de longues suites de 0 et de 1 transcrites sur des cartes perforées.

*

Londres croule sous les bombes, mais les services secrets anglais n'arrivent pas à déchiffrer les transmissions des Allemands, qui, tous les matins, changent manuellement les codes de leurs Enigma. Les Anglais essayent de décrypter les messages codés en travaillant sur des répliques d'Enigma, ou avec des exemplaires saisis chez l'ennemi. Alan Turing a alors cette idée de génie, qui peut paraître toute bête aujourd'hui :

on ne peut pas battre une machine mécanique avec
sa réplique, il faut construire une machine différente, intelligente et plus rapide. Le système très
complexe qu'il construit alors avec son équipe – et
qui ne fonctionne pas tout de suite – est surnommé
« La Bombe ».

Turing écrit un programme qu'il fait « tourner » sur
la Bombe, et qui la rend capable de former à grande
vitesse toutes les combinaisons possibles à partir d'un
fragment de message codé intercepté. Parmi toutes ces
combinaisons obtenues, la machine est en mesure de
rejeter les mots improbables, et de retenir les mots qui
ont du sens. Et voilà finalement l'ancêtre de nos ordinateurs, après de longs mois d'échecs, de réglages et de
trouvailles, qui finit par cracher des mots allemands,
des suites de mots, des phrases, et enfin les coor-
données des attaques qui menacent l'Angleterre, et
les positions des U-Boot qui détruisent les convois
alliés dans l'Atlantique.

*

Aujourd'hui il y a des codes partout et pour tout.
Jusqu'à l'absurde. On utilise le même système de codage
informatique pour les plats surgelés Picard et pour
les catégories psychiatriques du DSM – le *Diagnostic
and statistic manual of mental disorders*. L'artiste
contemporain Marco Decorpeliada s'est saisi de cet
état de fait pour établir des correspondances trou-
blantes et drolatiques. Par exemple : 14.5 = trouble
psychotique = 12 boulettes de viande hachée ; 20.0
= schizophrénie de type paranoïde continue = deux

dos de cabillaud de Norvège en sachet individuel ;
ou encore : 40.1 = phobie sociale = potage lyonnais,
potiron, pommes de terre, emmental.

*

Avec tous ces codes, il y a toujours plus de communication, et toujours moins de place pour la parole.
Si vous n'avez pas le code de l'immeuble, vous restez
enfermé dehors. Et si votre cas n'est pas prévu par
le logiciel de Pôle emploi ou par l'algorithme de
Parcoursup, vous pouvez mettre votre désir au placard.
Des lycéens assez bon *hackers* ont réussi à craquer
le code de Parcoursup, ce qui leur a permis de mettre
à jour la supercherie : les critères sur lesquels s'appuie
l'algorithme pour trier les souhaits des lycéens ne sont
pas du tout ceux qui leur sont annoncés ; cette décou-
verte avait participé au déclenchement des manifestations de lycéens et d'étudiants en 2018.

Jusqu'à aujourd'hui, nous continuons à nous battre
contre le fantôme d'Enigma. « J'ai fait le code mais
ça n'ouvre pas » : on dit qu'on *fait le code*, ou qu'on
le compose ; ce qui peut aussi s'entendre au sens de
le construire : en le composant, on participe à l'opération même de codage, on contribue à ajouter du code.
Nous ne codons pas seulement lorsque nous tapons
le code confidentiel de notre carte bleue sur le pavé
numérique d'un distributeur de billets : à chaque utilisation de notre ordinateur, de notre *smartphone* ou
d'autres appareils domestiques, pour lesquels nous
oublions qu'ils marchent grâce à un microprocesseur,

nous faisons fonctionner des lignes de code. Autrement
dit, nous codons et décodons de l'information à
longueur de journée ; nous répétons à chaque fois
le geste de Turing, codant et décodant sa Bombe pour
vaincre Enigma.

3

Un trauma nommé Enigma

En début de semaine, des techniciens ont commencé à changer le digicode à l'entrée de mon immeuble. Il est question d'installer un interphone vidéo sur la première porte, et une nouvelle platine pour le pavé numérique du digicode sur la deuxième porte. Mes voisins, plutôt âgés, sont désorientés par ces changements. Et les patients me demandent comment tout cela va fonctionner. En fin de semaine, les installateurs y sont encore, ça ne marche pas, ils ne comprennent pas pourquoi. Du coup les deux portes sont ouvertes en permanence. « *Trop de code tue le code !* » : je lance ça à l'un des techniciens qui tire encore des câbles, mais ça ne le fait pas rire.

*

Enigma : aux oreilles d'un psychanalyste, ce nom évoque forcément l'énigme que le Sphinx pose à Œdipe. Nous sommes dans les temps reculés de l'Antiquité grecque, dans la région de Thèbes, en Béotie. Ignorant qu'il s'agit de son père, Œdipe vient de tuer Laïos, le roi de Thèbes, qui lui barrait le passage sur la route de la Cité. Œdipe veut entrer dans Thèbes, mais les portes sont sévèrement gardées par le Sphinx. (En fait, en Grèce, on dit la Sphinge ; c'est le sphinx égyptien qui est de sexe mâle.) Mi-femme, mi-bête, la Sphinge pose des colles à ceux qui veulent entrer dans Thèbes, et fait mourir ceux qui se trompent. Elle soumet à Œdipe une énigme particulièrement difficile : « Quel est l'animal qui marche à quatre pattes le matin, à deux pattes la journée, et à trois pattes le soir ? »

Dans la mythologie grecque, la Sphinge a une tête et un buste de femme sur un corps de lion, avec des ailes de rapace. C'est un personnage décrit comme avide de sexualité violente. Elle trouvera des équivalents jusque dans des contes européens, notamment sous la forme de la Serpolnica, une femme monstrueuse qui faisait passer des épreuves aux jeunes gens avant de pénétrer leur bouche avec son énorme langue. Il y avait de quoi intéresser le jeune Freud, qui a vite compris que tout un chacun pouvait faire l'expérience d'Œdipe confronté à la Sphinge. Freud en a fait un complexe, le fameux complexe d'Œdipe.

Alors : quel est cet animal qui a quatre pattes le matin, deux la journée, et trois le soir ?

En fait, pour résoudre cette énigme, il faut s'appeler Œdipe, ou au moins se mettre à sa place. Mais ça ne suffit pas : il faut aussi connaître le grec ancien. On peut trouver la solution du problème quand on entend l'énigme énoncée en grec. Il s'agit d'une devinette en rimes :

— « Quel est l'animal qui a quatre pieds (*tetrapous*) le matin ; deux pieds (*dipous*) la journée ; et trois pieds (*tripous*) le soir ? », demande la Sphinge.

— « C'est moi, *Oidipous* ! », répond Œdipe, en faisant la rime.

Oui, cet animal polymorphe, c'est l'homme, en l'occurrence Œdipe comme représentant l'espèce humaine. (Le bébé marche à quatre pattes, l'adulte marche sur ses deux pieds, et les vieux marchent avec une canne, ce qui leur fait trois pieds ; et *Oidipous*, Œdipe, signifie « Pied enflé »).

Victorieux, Œdipe libère la Cité de la Sphinge sanguinaire, il est fait roi de Thèbes et se retrouve dans le lit de la reine, la veuve Jocaste. Il apprend trop tard que Laïos était son père et que Jocaste est sa mère. Dérèglement de l'ordre du monde. Le fléau de la peste s'abat sur Thèbes.

En répondant à la Sphinge, Œdipe a posé un savoir sur l'homme, mais il s'est éloigné de sa propre vérité : il ne sait plus où il en est. D'ailleurs, quand il découvre ses crimes, il s'empresse de se crever les yeux. Peut-être pour continuer à ne rien voir de ce qu'il a fait, pour rester aveugle à ce qu'il déclenche autour de lui.

Aujourd'hui, nous croulons sous des montagnes de savoir et d'informations, mais cela ne nous empêche pas de fermer les yeux sur quelques vérités brûlantes, et d'alimenter notre passion de l'ignorance en organisant un épais brouillard linguistique. Quels crimes l'actuel dérèglement de l'ordre du monde vient-il nous rappeler ? Nous ne mourrons plus de la peste, mais d'autres épidémies, et puis des pesticides, et aussi d'autres toxiques de notre invention : tous les jours nous nous étouffons en ingurgitant de nouveaux éléments de langage générés par des algorithmes.

Pourquoi ne voulons-nous rien en savoir ? Nous sommes devenus à la fois Œdipe et la Sphinge, nous sommes l'énigme et la solution de l'énigme, coincés dans les rouages de la machine Enigma.

*

On ne connaît pas bien l'histoire de l'informatique, alors qu'elle est fondatrice de notre époque d'obscurantisme *hi-tech*. Cette technologie, qui aujourd'hui organise tous les secteurs de la vie humaine, trouve certaines de ses racines dans la paranoïa nazie. Et c'est parce que nous ne connaissons pas bien l'histoire d'Enigma qu'elle continue à agir en nous : nous codons de plus en plus et nous parlons de moins en moins. Le brouillage de la parole et le codage permanent ont débuté dans ces *années Enigma*, que nous répétons comme dans un cauchemar récurrent et partagé. (Pour Freud, le rêve devient cauchemar quand l'appareil psychique est débordé par un trop-plein de stimulations.)

Après la *Psychopathologie de la vie quotidienne* de Freud, il faudra donc écrire une *Psychopathologie du codage quotidien*. Je commence dès ce soir.

Le langage machine, ou code machine, est le seul langage qu'un processeur électronique soit en mesure d'interpréter ; je devrais plutôt dire : le seul langage

qu'il soit en mesure de convertir (le terme « interpréter » est très anthropomorphique). Dans le langage
machine, les données et les instructions sont codées
en binaire. C'est pour l'instant le seul langage qui
soit compréhensible à la fois par un humain et par
une machine.

Quand nous parlons, nous faisons des allers-retours
entre le message et le code. « Sinon il n'y aurait pas
le moindre espoir de création de sens », écrit Jacques
Lacan – grand lecteur de Freud, le psychanalyste français, né en 1901 et mort en 1981, avait prononcé en
1953 une conférence intitulée « Fonction et champ de
la parole et du langage en psychanalyse ». Aujourd'hui,
il serait plutôt question de « Fonction et champ de
la parole et du langage machine » : si le code prend
toute la place, s'il est maintenant gravé dans le sili-
cone des microprocesseurs, il ne reste plus beaucoup
de place pour la parole.

De fait, depuis Enigma, nous répétons à l'infini
des opérations de codage et de décodage. Toutes
nos petites machines portatives fonctionnent grâce
à des lignes de codes, écrites dans un langage qui
ne comporte que des 0 et des 1, un langage qui
nous pousse à penser et à communiquer de manière
binaire, et qui forge ainsi notre petite novlangue
quotidienne.

*

Un patient qui se trouve particulièrement insatisfait
au lit a rêvé cette nuit qu'il mangeait une boîte de
raviolis par terre avec sa femme, après avoir crié à

tue-tête à la fenêtre de son appartement : « *Raviolis, raviolis, raviiiioli, ravi au lit !* ».

Quand un désir réprimé est chiffré, crypté comme dans un rébus, déguisé dans un rêve, dans un symptôme ou dans un lapsus, il s'agit d'une création singulière, avec les mots du rêveur. Alors que le codage par le langage machine impose un sens unique, sans signification équivoque, sans métaphore : c'est un codage pur, qui fait barrage au second degré, qui empêche les mots d'esprit.

Après un après-midi passé à travailler à l'hôpital, je dois coder tous mes actes dans l'ordinateur ; soit exactement l'inverse de ce que je viens de faire avec les patients, en l'occurrence essayer avec eux de déchiffrer leurs symptômes ou leurs actes manqués.

Sigmund Freud (1856-1939) a inventé un dispositif singulier pour déchiffrer le langage de l'inconscient, pour trouver une lecture des rêves et des symptômes ; Alan Turing (1912-1954) a inventé une machine universelle pour chiffrer la réalité.

4

Un cauchemar, cette nuit

Tu veux ma mort, machine, pensa le vieux. C'est ton droit. Allez, vas-y, tue-moi. Ça m'est égal lequel de nous deux tue l'autre. Qu'est-ce que je raconte, voilà que je déraille. Faut garder la tête froide. Garde la tête froide et endure ton mal comme un homme. Ou comme une machine.

Je me suis réveillé en pleine nuit avec ce cauchemar : ces phrases s'affichaient en gros caractères sur l'écran de mon ordinateur, les mots défilaient de gauche à droite. Pendant le rêve, ce texte étrange me disait quelque chose. Mais ça ne s'est éclairci qu'une fois éveillé, bien plus tard dans la journée, en associant sur la phrase « tu veux ma mort, machine » : mon rêve avait scrupuleusement transformé un paragraphe d'Hemingway, dans *Le Vieil Homme et la Mer*. Je vérifiais en allant chercher le livre dans ma bibliothèque : c'étaient bien les mêmes phrases à un mot près : le rêve avait partout remplacé *poisson* par *machine*.

(On dirait bien que ce projet de livre sur l'intrusion du langage machine dans le langage courant commence à me perturber.)

Déchiffrage, donc : un peu plus tard dans la journée, c'est en continuant d'associer sur certains mots de mon cauchemar, tout en écoutant un patient sur le divan, que j'ai pu découper le signifiant *machine*. Il se trouve que je venais de rentrer d'un trop court séjour de travail en Chine, où j'avais participé à un colloque consacré à la conception lacanienne de la psychose. Ce qui m'est venu en décomposant *machine*, c'est que je devais renoncer pour un bon moment à *ma Chine*. Ça m'intéresse décidément beaucoup, le *langage ma Chine*. J'avais commencé à apprendre le chinois parce que Freud compare la langue des rêves d'une part avec les hiéroglyphes égyptiens, et d'autre part avec les idéogrammes chinois.

Le chinois est une langue sans morphologie : en fonction de sa place dans la phrase, un même idéogramme peut faire office de nom, de verbe ou d'adjectif, et cela sans changer de forme ; donc, plus encore que dans d'autres langues, le sens d'un mot dépendra fortement de son contexte – comme dans les rêves.

Et puis Champollion a réussi à déchiffrer les hiéroglyphes quand il a compris que tous ces petits dessins ne renvoyaient pas forcément à des objets, mais qu'il fallait les lire en privilégiant leur sonorité, comme dans un rébus. (Après avoir compris ça, Champollion a perdu connaissance : il a saisi la prévalence du signifiant sur le signifié, il en a fait une syncope.)

*

Je me souviens qu'en mars 1965, au cours de son séminaire intitulé *Problèmes cruciaux pour la psychanalyse*, Lacan s'insurgeait contre les psychanalystes à la mode anglo-saxonne, qui émoussent le tranchant freudien en s'alignant sur une théorie qui devient à la mode, la théorie de l'information – où il n'est plus question que d'émetteurs et de récepteurs. Lacan trouve ça inadmissible : « Le langage n'est pas un code, précisément parce que, dans son moindre énoncé, il véhicule avec lui le sujet présent dans l'énonciation. Tout langage, et plus encore celui qui nous intéresse, celui de notre patient, s'inscrit, c'est bien évident, dans une épaisseur qui dépasse de beaucoup celle, linéaire, codifiée, de l'information. »

L'année suivante, Lacan enfonce le clou : « La psychanalyse n'est plus rien dès lors qu'elle oublie que sa responsabilité première est à l'endroit du langage[1]. »

(J'ai envie d'écrire cette phrase au fronton de mon cabinet.)

*

À l'heure du déjeuner, je pense à Roland Barthes soutenant que la langue est fasciste. Il a dit quelque chose comme ça, mais je ne retrouve pas où. Je feuillette sa leçon inaugurale au Collège de France, donnée en janvier 1977. Voilà, j'ai retrouvé, c'est bien le terme

---

1. Jacques Lacan, « D'un syllabaire après-coup », dans *Écrits*, 1966 (Le Seuil).

qu'il emploie : « La langue, comme performance de tout langage, n'est ni réactionnaire, ni progressiste, elle est tout simplement : fasciste ; car le fascisme, ce n'est pas d'empêcher de dire, c'est d'obliger à dire. »

Un peu plus tôt dans cette même leçon, Barthes soutient que le langage est une législation – « La langue en est le code. » Et aussi : « Nous ne voyons pas le pouvoir qui est dans la langue, parce que nous oublions que toute langue est un classement, et que tout classement est oppressif : *ordo* veut dire à la fois répartition et commination. » Mettre de l'ordre et donner des ordres.

Il se trouve qu'il arrivait à Barthes et à Lacan d'aller ensemble à la salle de sport. Je les entends discuter de la fonction de la parole et du champ du langage, entre une séance de rameur et un passage au sauna ; je les imagine en sueur, criant au-dessus de la musique du club de gym : « Le langage n'est pas un code ! » – « Oui, mais la langue est le code du langage ! »

Je m'y perds un peu.

Au moment où Barthes donne sa leçon inaugurale au Collège de France, Lacan, lui, fait son séminaire intitulé « L'insu que sait de l'une bévue, s'aile à mourre ». En écrivant ces mots, allez savoir pourquoi, je pense au fait que Barthes s'était acheté une machine à écrire électrique l'année où il publiait *Le Plaisir du texte*.

Et puis il y a le sociologue Pierre Bourdieu, qui à ma connaissance ne fréquentait pas Barthes et Lacan à la salle de sport, mais qui définissait la langue comme « le support par excellence du rêve de pouvoir absolu ». Bourdieu écrit ça dans *Ce que parler veut*

dire. J'essaye de le lire, je ne suis pas du tout fami-
lier avec les textes de Bourdieu, mais ça fait du bien
de changer un peu de langue. Sous-titre du livre :
L'Économie des échanges symboliques. On y trouve
l'idée de *marché linguistique* : « Le discours n'est pas
seulement un message destiné à être déchiffré ; c'est
aussi un produit que nous livrons à l'appréciation
des autres et dont la valeur se définira dans sa relation
avec d'autres produits plus rares ou plus communs. »

Aujourd'hui, le marché linguistique est recouvert
par le vaste marché de l'informatique. Les mots,
les expressions, ont plus de valeur s'ils collent au
vocabulaire de l'informatique et du numérique. Et
des éléments de langage à forte valeur ajoutée sont
produits et surfacturés par des cabinets de communication.

5

Katholikos ex machina
(« Mettre de l'ordre dans le monde »)

Cette semaine, je continue à dévorer la biographie de Turing. Je m'y plonge dès que j'ai cinq minutes. En 1926, le père d'Alan Turing prend une retraite anticipée de l'Indian Civil Service, et pour ne pas payer d'impôts en Angleterre, il s'installe en France avec sa femme, en Bretagne, à Dinard. Alan et son frère John peuvent alors venir voir leurs parents pendant les vacances, en particulier à Noël (mais ils restent en famille d'accueil en Angleterre pendant le temps scolaire). Alan a quatorze ans ; il profite de ces séjours à Dinard pour apprendre le français, qui devient vite sa matière préférée à l'école. Il fait de cette nouvelle langue un code secret grâce auquel il peut écrire à sa mère sans être lu par sa famille d'accueil. (La mère d'Alan connaissait le français parce qu'elle avait étudié à la Sorbonne quand elle avait dix-huit ans ; enfant, elle avait aussi été placée en Angleterre le temps de sa scolarité, pendant que ses parents travaillaient pour l'administration coloniale en Inde).

*

Alan Turing est tombé dans l'oubli après sa mort,
en 1954. Ça n'est que tardivement qu'il est devenu
une icône de notre modernité. Ces dernières années,
il a même fait l'objet de plusieurs biopics holly-
woodiens : *Enigma*, en 2001, et *Imitation Game*,
en 2014 ; deux films qui ont fait connaître au grand
public son rôle majeur dans le décryptage des communications de la marine allemande pendant la Seconde
Guerre mondiale.

On sait moins que Turing s'intéressait particulièrement à la voix. Quand sa machine programmable
n'était encore qu'à l'état de projet dans son esprit, il
pensait déjà la doter d'une voix de synthèse.

Tous ceux qui ont connu Alan Turing parlent de son
introversion, de son contact étrange, et de sa voix très
particulière, très haut perchée. À l'école, il déroutait
ses camarades autant que ses enseignants ; il était puni
quand il faisait de l'algèbre en cachette pendant les cours
d'instruction religieuse : il n'en faudrait pas plus de nos
jours pour lui coller l'étiquette d'autiste Asperger.

J'y reviens, parce que j'essaye de saisir ce qui lui est
arrivé, donc ce qui nous arrive aujourd'hui : recruté
par les services secrets de Sa Majesté, Turing rejoint
en 1939 la *Government Code and Cypher School*
(L'école gouvernementale du code et du chiffre).
Responsable de l'équipe qui parviendra à casser
les codes allemands, Turing est envoyé aux États-Unis
pour faire la liaison entre les services secrets anglais
et américains. Il s'intéresse alors particulièrement

aux technologies américaines d'encodage de la voix – des avancées ultrasecrètes. Après un passage à Washington, Turing arrive à New York début 1943 pour se plonger dans les laboratoires de la société Bell, qui participent à un programme de recherches sur le cryptage de la voix. Les chercheurs américains ont beaucoup plus de moyens que leurs homologues britanniques.

Turing a un accès secret-défense aux laboratoires qui essayent de coder les conversations téléphoniques entre Roosevelt et Churchill. Les ingénieurs de Bell cherchent à transmettre simultanément des paroles cryptées et la clé permettant de les décrypter à l'arrivée. Au cours des premiers essais, les conversations sont soit insuffisamment brouillées, soit trop brouillées, et donc incompréhensibles. Comment crypter leurs communications sans brouiller les deux chefs d'État alliés, voilà le défi technique autant que politique auquel sont confrontés les chercheurs. À peine arrivé, Turing résout en quelques jours un problème sur lequel les ingénieurs américains butent depuis des mois. Il conçoit un algorithme de chiffrage indécryptable, qui transforme les mots en suites de 0 et de 1. Il travaille à partir d'un dispositif existant, le Vocoder – contraction de *voice coder* –, qui permet de transformer la voix humaine en données chiffrées pouvant être transmises par le réseau téléphonique. Les premiers Vocoder découpaient la voix en douze bandes de fréquences ; c'est cette information qui était compressée et transmise par le téléphone. Pendant ce séjour aux États-Unis, Turing conçoit sa propre machine à crypter la voix ; basée sur un code binaire, plus efficace, plus simple, elle a pour nom de code Delilah. (Dans la Bible, Delilah est une espionne à la solde des princes Philistins qui la payent pour soutirer à Samson le secret de sa puissance.)

Sur le bateau qui le ramène en Grande Bretagne, sous la menace des sous-marins nazis qui déciment la flotte alliée, Turing continue à s'intéresser à la voix : « Pendant qu'il partageait avec les autres l'impuissance, le confinement et les dangers de la guerre, il en profita pour étudier un petit livre sur l'électronique et inventa ainsi une nouvelle façon de chiffrer la voix », écrit son biographe.

Depuis, le glissement de la parole vers la communication ne s'est pas arrêté : la réduction des mots et de la voix à une suite d'informations binaires est continue. Lors de nos échanges en « visioconférence », nos voix sont codées et décodées, compressées pour pouvoir passer dans les tuyaux, selon le principe conçu par Turing et ses collègues. La numérisation, soit le passage par les nombres, nous donne l'illusion de maîtriser nos pulsions, en particulier la pulsion invoquante – le circuit de la voix.

Il se trouve que l'application de discussion audio et vidéo que les plus jeunes utilisent majoritairement en ce moment s'appelle Discord – qui au départ servait à partager et à commenter des jeux vidéo. Immense succès depuis les confinements sanitaires : quand les serveurs de l'Éducation nationale ont saturé en 2020, les profs et les élèves se sont retrouvés sur Discord pour organiser des classes virtuelles. Problème : Discord est aussi le canal préféré des pirates pour diffuser des virus informatiques. (Discordia était le nom de la déesse romaine de la désunion.)

Homère : « Discorde, fille de la nuit. »

Hugo lui répond : « Tu verras de loin dans les villes mugir la Discorde aux cent voix. » (Ce serait bien comme titre pour ce livre que j'essaye d'écrire sur la parole à l'ère du binaire – mais c'est peut-être un peu long.)

*

Ce soir, mon dernier patient : « Il a changé, le code ? Ça ne marchait pas, je suis resté bloqué dix minutes devant la porte avant que quelqu'un ne m'ouvre. »

*

Je me demande d'où vient notre mot « ordinateur ». Alors j'ouvre mon *Dictionnaire étymologique de la langue française*, et je découvre que le terme est attesté en 1491, comme adjectif, pour désigner Dieu qui met de l'ordre dans le monde : « Jhesucrist... estoit le nouvel instituteur et ordinateur d'icelluy [baptesme] » (*La Mer des Histoires*, II, 68a). « Ordinateur » est ensuite utilisé comme substantif : dans la liturgie catholique, l'ordinateur est celui qui confère le sacrement d'un ordre ecclésiastique. Un prêtre reçoit l'ordination.

J'apprends que l'usage actuel du terme ordinateur a été proposé en 1955 par un certain Jacques Perret

(1906-1992), qui était philologue – c'est-à-dire spécialiste de l'étude grammaticale et linguistique des textes anciens –, professeur à la Sorbonne entre les années 1950 et 1970, et par ailleurs théologien catholique. Le responsable de la publicité chez IBM France, qui avait été l'étudiant de Jacques Perret, avait eu l'idée de le consulter pour traduire le terme anglais *computer*, au moment de lancer sur le marché français le dernier modèle de la firme, l'IBM 650. La réponse du philologue, adressée au directeur d'IBM France, est très détaillée :

le 16 avril 1955

Cher Monsieur,

Que diriez-vous d'ordinateur ? C'est un mot correctement formé, qui se trouve même dans le Littré comme adjectif désignant Dieu qui met de l'ordre dans le monde. Un mot de ce genre a l'avantage de donner aisément un verbe, ordiner, un nom d'action, ordination. L'inconvénient est que ordination désigne une cérémonie religieuse ; mais les deux champs de signification (religion et comptabilité) sont si éloignés et la cérémonie d'ordination connue, je crois, de si peu de personnes que l'inconvénient est peut-être mineur. D'ailleurs, votre machine serait ordinateur (et non ordination) et ce mot est tout à fait sorti de l'usage théologique. Systémateur serait un néologisme, mais qui ne me paraît pas offensant ; il permet systématisé ; – mais système ne me semble guère utilisable – combinateur a l'inconvénient du sens péjoratif de combine ; combiner est usuel, donc peu capable de devenir technique ; combination ne me paraît guère viable à cause de la proximité de combinaison. Mais les Allemands ont bien leurs combinats (sorte de trusts, je crois), si bien que le mot aurait peut-être des possibilités autres que celles qu'évoque combine.

Congesteur, digesteur évoquent trop congestion et digestion. Synthétiseur ne me paraît pas un mot assez neuf pour désigner un objet spécifique, déterminé comme votre machine.

En relisant les brochures que vous m'avez données, je vois que plusieurs de vos appareils sont désignés par des noms d'agent féminins (trieuse, tabulatrice). Ordinatrice serait parfaitement possible et aurait même l'avantage de séparer plus encore votre machine du vocabulaire de la théologie. Il y a possibilité aussi d'ajouter à un nom d'agent un complément : ordinatrice d'éléments complexes ou un élément de composition, par exemple : sélecto-systémateur. Sélecto-ordinateur a l'inconvénient de deux o en hiatus, comme électro-ordinatrice.

Il me semble que je pencherais pour ordinatrice électronique. Je souhaite que ces suggestions stimulent, orientent vos propres facultés d'invention. N'hésitez pas à me donner un coup de téléphone si vous avez une idée qui vous paraisse requérir l'avis d'un philologue.

Vôtre
Jacques Perret

Ce formidable document, qui a été versé aux archives d'IBM France, se trouve aussi dans les archives de la première Commission ministérielle de terminologie de l'informatique, où Loïc Depecker, un chercheur en sciences du langage, l'a déniché au moment où il écrivait sa thèse sur *L'Invention de la langue*. (Il est depuis devenu président de la Société française de terminologie[1].)

Le vocabulaire informatique a donc des racines profondes dans la sphère théologique. Aujourd'hui, le Dieu-ordinateur a effectivement pris une place d'instance suprême, c'est l'être-calculant absolu, que nous consultons pour toutes nos décisions. On s'en remet à lui, on lui écrit des programmes-prières, des demandes codées, des vœux secrets, et l'on suit avec attention ses indications. C'est Turing lui-même qui a placé un oracle au cœur de sa machine qu'il qualifiait d'universelle. Un *Katholikós ex machina*, donc. (*Katholikós*, qui a donné *catholique*, signifie universel en grec.) L'homme a toujours rêvé d'un langage universel, pour sortir des embrouilles de la parole, pour liquider les malentendus, pour qu'il n'y ait aucun raté dans les demandes.

Le fait qu'un publicitaire d'IBM ait requis un philologue confirme que l'informatique est née et s'est développée dans le champ du langage. Tiens, ça me rappelle que Victor Klemperer, l'auteur de *LTI*, cette étude majeure sur la construction de la langue du IIIe Reich, était lui aussi philologue. Il faut que je relise son livre.

---

1. Loïc Depecker a publié la lettre de Jacques Perret dans *Les Échos*, journal dans lequel il tenait une chronique sur la langue : « Le mot ordinateur a trente-cinq ans », 23 avril 1990.

*

C'est en 1957 que l'ingénieur allemand Karl Steinbuch a formé le mot *Informatik*, par contraction des substantifs *Information* et *Automatik* (*automatisme*), pour désigner le traitement automatique des informations ; et c'est en 1962 que le mot « informatique » a été utilisé pour la première fois en français, par Philip Dreyfus, un ingénieur français. (En anglais, « l'informatique » se dit *computer science*.)

*

Un conseil donné par un site spécialisé dans l'usage des codes secrets sur Internet : « Dans votre vie numérique, n'utilisez jamais le même code sur des applications différentes. » Qu'est-ce que c'est que ça, ma *vie numérique* ? Et au fait, ça veut dire quoi, numérique ? Définition du Petit Robert : numériser : représenter un signal analogique par une suite de valeurs numériques (synonyme : digitaliser ; *digit* signifiant « chiffre » en anglais). L'intérêt, c'est que les valeurs numériques, les suites de chiffres, passent plus rapidement dans les tuyaux de nos outils de communication (par paquets), alors que l'écriture manuscrite, ou la voix naturelle (qui sont des signaux analogiques, continus) ne peuvent pas passer dans des câbles sous-marins.

Il devient de plus en plus difficile de distinguer la parole et la communication. Je voudrais simplement que les données du problème soient notées quelque part, avant que cela ne soit plus un problème pour personne. J'essaye de repérer ce qui est en train de changer dans notre rapport avec la fonction même de la parole. J'aimerais bien que dans cinquante ans on puisse trouver trace de comment, précisément, les rapports fondamentaux de l'homme et de la parole se sont trouvés modifiés par notre usage quotidien des ordinateurs et d'une langue informatisée.

Ces temps-ci, il est beaucoup question de la liberté d'expression. Une liberté qui à mon avis est menacée autant par les discours religieux que par un langage que nous utilisons et consolidons tous autant que nous sommes : le langage machine, qui se trouve être particulièrement clivant. Religions et informatiques sont peut-être les deux faces du même obscurantisme totalisant : le Grand Ordinateur voudrait bien tout organiser.

En latin médiéval, *ordinandus* désignait celui qui aspirait à recevoir des ordres, à entrer dans les ordres. J'y repense maintenant : le grand-père paternel d'Alan Turing avait commencé de brillantes études de mathématiques au Trinity College à Cambridge, mais il a tout arrêté… pour recevoir l'ordination, et devenir pasteur.

6

Parlez-vous binaire ?

Je suis dans le bus 38, en direction de la gare du Nord. La voix de synthèse égrène les noms des stations avec un accent glaçant. À la station Marx-Dormoy, la machine écorche particulièrement le nom de l'ancien ministre du Front populaire. Ça donne quelque chose comme « *Maaaxdooor-MOI* », avec une intonation descendante puis montante. Il faut vraiment connaître cet arrêt pour savoir qu'il est question de Marx Dormoy, fils de cordonnier, militant socialiste, ministre de l'Intérieur entre 1936 et 1938, assassiné par les pétainistes en 1941. Entendre son nom ainsi estropié m'a mis très en colère. Dans de telles situations, je trouve que les machines nous bousillent carrément la mémoire. Alors, debout dans le bus, je griffonne quelques notes sur mon petit carnet spiralé, pour continuer mon état des lieux des territoires de la parole saccagés par nos petites novlangues quotidiennes et machiniques. Aujourd'hui, nous parlons tous plus ou moins directement ce jargon universel qu'est le langage informatique ; et nous laissons de plus en plus nos ordinateurs s'exprimer à notre place. Quand il se rend compte qu'un voyageur resquille, le chauffeur de bus ne prend plus le risque de s'adresser à lui directement, c'est bien trop dangereux, alors il appuie sur un bouton, et c'est encore une voix de synthèse qui lance à la cantonade : « *Merci de valider votre pass Navigo* ».

En psychopathologie, on parle d'autisme quand un sujet présente une telle méfiance envers la parole. Nous sommes peut-être collectivement atteints d'une forme d'autisme informatique.

Ces jours-ci, je lis le témoignage de Donna Williams, cette écrivaine australienne qui raconte son enfance « dans son monde » ; son livre a été traduit en français sous le titre *Si on me touche, je n'existe plus*. Elle décrit avec précision son rapport au langage, et montre bien – c'est ce qui est commun aux différentes formes d'autisme –, comment et pourquoi elle avait décidé très tôt d'éviter tout engagement affectif, donc d'éviter de parler.

C'est vrai qu'on s'engage quand on parle : ça peut porter à conséquence, on peut regretter ce qu'on a dit. D'ailleurs, les autistes les plus mutiques savent très bien parler : ils peuvent tout à coup laisser sortir une phrase très subjectivée, comme « Laisse-moi tranquille »… et s'en mordre les doigts aussitôt.

C'est en ce sens que nous devenons collectivement autistes : nous nous inquiétons beaucoup des conséquences de la parole, et la métaphore et l'humour sont devenus périlleux. Alors nous préférons nous enfoncer dans le jargon informatique, et nous utilisons nos ordinateurs et nos téléphones *intelligents* pour transcrire et

aplatir nos propos. Exit, l'énonciation et ses nuances :
ce qui nous embarrasse, ce qu'on a du mal à dire, on
l'écrit lapidairement, on le *textote*. (Ce qui à moyen
terme ne fait qu'ajouter de l'embarras.)

Donna Williams montre que dès l'enfance, coincée
dans des enjeux familiaux illisibles, elle avait pris
la décision de ne rien dire de trop engageant, et
avait choisi, je la cite, de « s'exprimer au travers d'un
jargon ».

Nous souffrons tous de cette maladie du jargon. Il
faudrait lui trouver un nom (il existe peut-être déjà).
Nous comptons sur nos appareils domestiques pour
mieux communiquer, c'est-à-dire pour faire l'économie
de la parole, pour ne rien engager de trop intime ou de
trop complexe. Pour passer la barrière de la censure
morale, dont les codes ne sont plus très lisibles, nous
prenons beaucoup de précautions, nous *surcodons*
tous nos échanges, et ce faisant nous participons à
l'attaque de la langue, nous effaçons des mots, nous
écorchons des noms. Or, les attaques contre la langue
ont toujours des conséquences sur les corps.

Je repense à Marx Dormoy, et par association à
Max Jacob, le poète et résistant, qui répétait à qui
voulait l'entendre : « Attention au jargon. » Il est mort
dans le camp de Drancy en mars 1944.

*

Je réfléchis à tout cela en marchant vers mon
cabinet ; quelqu'un me dépasse, il marche très vite, il
parle tout seul, il parle très fort ; est-ce qu'il parle vraiment tout seul, comme cet homme que j'ai croisé hier

dans les jardins de l'hôpital ? Non, je distingue un fil
blanc qui sort de l'oreille de ce passant pressé, il s'agit
certainement d'une oreillette de téléphone portable ;
il a donc a priori un réel interlocuteur quelque part ;
alors il ne sera pas considéré comme fou. Pourtant,
dans son oreillette, il n'entend qu'une voix codée,
compressée, décodée et décompressée. Une voix numé-
risée. Il n'entend qu'une image de synthèse de la voix
de son interlocuteur. Il parle avec une longue suite
de 0 et de 1.

On dit que dans les hallucinations, les voix viennent
directement du réel, du Christ ou d'un autre dieu. En
« visioconférence », les voix nous viennent du Dieu-
ordinateur : nous avons des *hallucinations numériques*.

*

Si les autistes existent, alors nous sommes tous
des autistes assistés par ordinateurs.

Léo Kanner était un pédopsychiatre américain réputé
pour avoir décrit le tableau de l'autisme infantile
précoce, un syndrome qui portera plus tard son nom,
« l'autisme de Kanner ». (Il y a dans cette formule
une belle équivoque, puisqu'on peut aussi l'entendre
comme l'autisme dont souffre Léo Kanner.)

Kanner était considéré comme le spécialiste de
ces enfants, à partir d'un article qui avait fait date,
un texte consacré au trouble du contact affectif dans
l'autisme. Il y décrivait la voix des autistes comme
« une voix artificielle », ou bien comme « une voix
de perroquet », avec des écholalies à retardement,

qui donnent l'impression que l'enfant parle « comme un magnétophone ».

Beaucoup d'autistes ont témoigné par écrit de leur rapport au langage. Joffrey Bouissac, par exemple, dans *Qui j'aurai été – Journal d'un adolescent autiste*, raconte qu'enfant il lui arrivait de parler tout seul, pendant des journées entières, « comme un disque rayé » (...) « À l'époque, je jouais les perroquets, pendant des journées entières je répétais "le chat", à une autre époque "la Suisse", une autre "la mer". »

D'autres auteurs, se revendiquant autistes, racontent comment enfants ils pouvaient apprendre beaucoup de mots nouveaux, y compris des mots très élaborés, sans pour autant les utiliser pour parler d'une manière subjective. En patois lacanien, on dit que l'autiste sépare l'objet voix des affects : on peut très bien parler-parler-parler, mais ne rien dire pour autant.

Les autistes sont donc particulièrement embarrassés avec la parole et la voix, la leur et celle des autres ; ils ne contrôlent pas leur voix, alors ils peuvent préférer instrumentaliser des objets inertes, ou des proches, pour les faire parler à leur place ; ou alors ils choisissent de ne pas parler du tout. Pour autant, ils peuvent être très à l'aise avec l'écriture ou les langages symboliques complexes, comme la musique, les mathématiques ou l'informatique.

Parce qu'ils peuvent avoir une voix glaçante, ou une mémoire phénoménale, on compare facilement les « Asperger » à des machines ; comme s'ils imitaient les ordinateurs. Mais c'est dans l'autre sens que cela s'est passé : ce sont les machines qui, depuis leur conception, raisonnent et parlent comme un certain autiste nommé Alan Turing. Il ne savait pas quoi faire de sa voix, trop brûlante d'émotions, alors il a conçu un objet autistique très élaboré, une machine construite pour être son porte-parole ; il l'a voulue universelle, et ça a fonctionné : nous faisons tous comme lui aujourd'hui, nous produisons en série des machines qui nous permettent d'abraser nos affects.

*

Pour dire qu'il est épuisé, un jeune patient me dit : « *J'ai mon disque dur qui sature* ». Il se trouve qu'il est étudiant, c'est-à-dire qu'en ce moment il passe ses jours et ses nuits devant un écran. Mais nous sommes, tout un chacun, chaque jour un peu plus identifiés à nos petites machines très intelligentes, et notre langue charrie toujours plus lourdement des mots du vocabulaire informatique, composé essentiellement de sigles et d'anglicismes. Pour ce patient étudiant, ça n'est pas une simple manière de parler : il pense effectivement que sa mémoire fonctionne comme celle de son ordinateur. Cet usage linguistique a modifié sa manière de se percevoir et de penser. Quand on utilise, et sans plus les entendre, des locutions comme « *Je n'arrive pas à débrancher* », ou au contraire, « *Je suis complètement débranché* », ça n'est plus une image : à l'usage, cela devient une identification aux machines et à leur langage, une identification qui porte à conséquence. D'après mon *Dictionnaire historique de la langue française*, l'expression *être branché* est attestée en 1973 dans le sens de « être au courant, être concerné »,

et a pris par extension celui de « être à la mode » ;
expression concurrencée par « être câblé », suivant
la même image technique, en partie reprise par « être
connecté ».

Pas plus tard qu'hier, un collègue m'explique qu'il
a dû « faire l'interface » entre deux autres collègues.
Il voulait dire qu'il avait fait l'intermédiaire. Toujours
d'après mon cher dictionnaire étymologique, le terme
« interface » apparaît en 1962, comme « dispositif
destiné à assurer la connexion entre deux systèmes ».

7

Tous F84.5

Puisque j'ai lancé l'idée que Turing aurait certainement été étiqueté « Asperger » aujourd'hui, il faut que je parle un peu plus de ce syndrome, et donc de Herr Doktor Asperger lui-même.

Johann Hans Karl Asperger était né en 1906 à Vienne. Diplômé en médecine en 1932, devenu psychiatre, il s'est tout de suite beaucoup intéressé aux enfants que l'on commençait à qualifier d'autistes. Il s'intéressait en particulier aux « autistes de haut niveau » ; il a décrit ce « tableau », il a publié des cas, il a *isolé un syndrome.* Alors on a donné son nom à ce type d'autisme.

Le syndrome d'Asperger allie un isolement, un contact très fuyant, un rapport purement fonctionnel à la parole, avec un intérêt focalisé sur les questions techniques et scientifiques, et souvent une passion pour des calculs complexes.

Il se trouve qu'Hans Asperger a dans le même temps participé activement au programme « Aktion T4 », ce programme d'élimination des enfants qui ne convenaient pas aux idéologues du IIIe Reich. On savait déjà qu'Asperger avait accepté beaucoup de choses pendant la période nazie, sinon il n'aurait pas eu une telle progression de carrière. Mais on en sait un peu plus aujourd'hui grâce au livre d'Edith Sheffer, *Les Enfants d'Asperger* (publié aux États-Unis en 2018, et dès l'année suivante en France). Sous-titre de l'ouvrage : *Le Dossier noir des origines de l'autisme*. Historienne à l'Université de Stanford, mère d'un enfant diagnostiqué Asperger, Edith Sheffer est allée consulter les archives de l'hôpital de Vienne. Elle y a trouvé de quoi montrer comment Hans Asperger a consciencieusement participé à la sélection des enfants qui étaient assassinés lorsqu'ils ne remplissaient pas les critères de la race aryenne. Depuis le service de pédiatrie de l'hôpital Steinhof, où il exerçait, Asperger envoyait ces enfants à la toute proche clinique Am Spiegelgrund, où son confrère le docteur Heinrich Gross les soumettait à des expériences avant de les tuer. (Heinrich Gross a continué sa brillante carrière dans le même hôpital jusqu'à la fin des années 1980, sans être inquiété.)

Au-delà du comportement du docteur Asperger, le livre de Sheffer fait réagir tous ceux qui se considèrent spécialistes de l'autisme, parce qu'ils découvrent que les notions qui composent le syndrome d'Asperger, et bien d'autres notions concernant l'autisme en général et la mesure de l'intelligence en particulier, ont toutes émergé dans ce contexte idéologique d'un tri entre enfants plus ou moins performants.

Gros malaise chez ceux qui s'identifient aujourd'hui à ces surhommes que sont censés être les « Asperger » enfants ou adultes. Il leur a fallu ce livre, *Asperger's Children*, pour commencer à se demander pourquoi ils s'identifient autant à une étiquette nosographique. Après avoir lu le livre d'Edith Sheffer, Simon Baron-Cohen, le président de la Société internationale pour la recherche sur l'autisme, a déclaré qu'il n'utiliserait plus le diagnostic d'Asperger. Après avoir longtemps et passionnément revendiqué cette identité, des associations de patients « Asperger » s'organisent pour changer de nom. Une pétition appelle à renommer ce syndrome en *Social Communication Disorder*.

*

En ce moment je me pose la question un peu tout le temps : qu'est-ce que la numérisation du monde modifie fondamentalement chez les êtres parlants que nous sommes ? Question passionnante parce qu'elle nous oblige à préciser ce qui distingue la parole humaine de la communication.

Chaque invention technologique majeure modifie le rapport de l'homme à lui-même, aux autres, à la pensée, au désir et au temps. L'imprimerie a changé jusqu'à notre manière de penser. On ne sait pas encore précisément comment l'Internet va radicalement et durablement modifier l'écriture, la pensée et le langage. On ne peut que constater des changements locaux – changement de rythme, accélération des échanges –, dus à l'usage de nouveaux outils de communication, sans savoir s'ils seront conjoncturels ou s'ils deviendront structurels. Un exemple tout bête : une patiente me fait part d'un échange qu'elle a eu avec son mari. Un échange qui s'est très vite envenimé. Quand je lui demande si c'était un échange « parlé », elle me répond « *oui, par textos* ».

La différenciation de ces deux actions que sont écrire et parler s'estompe avec l'usage des messageries instantanées, qui sont bien utiles pour certains types d'échanges, pour passer une information, mais qui compliquent beaucoup les échanges d'un autre registre, quand l'énonciation s'avère particulièrement déterminante. Les *émoticones* ne suffisent pas toujours à donner le ton.

*

Numériser, c'est donc transformer un énoncé en une suite de 0 et de 1. (La lettre A se code par exemple 01000001.) Ça installe logiquement du binaire un peu partout. Certes, les raisonnements binaires existaient bien avant l'informatique, mais le langage machine a largement accentué cette tendance très humaine. Mieux communiquer est présenté comme un mieux-être ; mais plus de communication, c'est surtout plus de planification et de programmation, et moins de place pour la surprise et pour les désirs singuliers.

Elon Musk, l'entrepreneur américain, milliardaire et mégalomane, a déclaré que le langage humain « deviendra obsolète » dans quinze ou vingt ans. Et quand il s'inquiète de la place que prennent déjà les intelligences artificielles dans nos vies, c'est pour ajouter qu'il n'y a qu'une solution pour rester dans la course : nous implanter des microprocesseurs dans le cerveau, pour nous doter d'une mémoire et d'une puissance de calcul comparables à celles des ordinateurs. Avec ça, nous serons tous bientôt des surhommes suréquipés, tous codés F84.5. (Dans le *DSM*, le *Manuel diagnostique et statistique des troubles mentaux*, F84.5 est le code pour le syndrome d'Asperger.)

Si l'autisme est devenu une question de société ces dernières années, c'est peut-être parce qu'avec nos petites machines implantées, nous sommes maintenant tous concernés. Aujourd'hui, nous pouvons tous raisonner comme le faisait Alan Turing, qui a forcément projeté sa propre conception du langage dans la machine qu'il a conçue.

Et si la psychanalyse reste scandaleuse, si elle se trouve particulièrement attaquée aujourd'hui, c'est sans doute parce qu'elle contrevient au discours courant autant qu'au discours totalisant et calculant, et qu'elle questionne notre désir d'être toujours plus performants. (Il y a de plus en plus de parents qui identifient leur enfant au signifiant « enfant HP », c'est-à-dire « enfant à haut potentiel », qui tend à remplacer l'expression « enfant précoce ».)

*

Encore une chose sur Elon Musk, qui est en train d'envoyer en orbite des milliers de « satellites 5G », pour constituer un maillage continu autour de la planète : avec Starlink, chaque point du globe pourra bénéficier d'une connexion 5G. Dans le même temps, avec une autre de ses sociétés, baptisée Neuralink, Musk travaille à mettre au point des implants cérébraux pour obtenir une interface efficace entre les neurones et les ordinateurs. Ce branchement direct entre l'homme et la machine a déjà été maintes fois imaginé, mais jamais réalisé. Mais Elon Musk a mis énormément d'argent sur ce projet, il a recruté les meilleurs neuro-chirurgiens et autres spécialistes des neurotechnologies ; ils sont très bien payés, ils n'auront aucun scrupule, parce qu'ils sont persuadés d'œuvrer pour le bien de l'humanité : les applications médicales et militaires sont innombrables. En branchant directement les ordinateurs sur les cerveaux, Elon Musk veut, je le cite, « marier l'intelligence humaine et l'intelligence artificielle » ; il veut augmenter notre capacité mémorielle, et puis accélérer les interactions hommes-machines : pour passer une commande sur Internet, on ne perdra plus un temps fou à taper sur un clavier d'ordinateur ou sur un smartphone ; on « pensera » la commande, sans même énoncer une demande. Désir et demande seront bel et bien court-circuités.

Neuralink a déjà réussi à brancher un ordina-teur sur le cerveau d'un singe. Le pauvre animal, qui n'a rien demandé, peut maintenant agir sur la machine sans bouger. Pour connaître la suite, il faut lire *Les Neuromanciens*, le roman de William Gibson ; un livre qui avait lancé un genre à part entière au sein de la science-fiction : c'était il y a un million d'années, dans les années 1990 ; on appelait ça le *cyberpunk*.

Tout cela est tout de même un peu inquiétant... alors au moment de me coucher, j'essaie de m'apaiser en me répétant comme un mantra cette idée de Freud : l'homme ne fait pas corps avec ses prothèses. Il écrit ça en 1930 dans *Malaise dans la civilisation*, quand il s'intéresse aux techniques par lesquelles l'homme cherche à démultiplier ses capacités motrices et cognitives : « L'homme est devenu une sorte de dieu prothétique, vraiment grandiose quand il porte tous ses organes auxiliaires. »

*

Je demande souvent aux parents de m'expliquer comment ils ont choisi le prénom de l'enfant qu'ils m'amènent ; la question surprend un peu, mais l'enfant se montre toujours très intéressé par la réponse, parce qu'elle peut lui donner quelques indications sur le désir de ses parents.

Je ne l'ai jamais reçu à mon cabinet, mais j'ai lu que le dernier fils d'Elon Musk, né en mai 2020, se prénomme X Æ A-12. Questionné sur la signification de cette très romantique suite alphanumérique, l'entrepreneur transhumaniste a donné cette explication à un journaliste : « C'est ma compagne qui a trouvé ce prénom. C'est juste la lettre X, et le Æ se prononce "Ash", et ensuite "A-12", c'est mon idée pour *Archangel 12*, qui est le précurseur du SR-71, l'avion le plus cool de tous les temps. »

(Le SR-71 est le bombardier furtif le plus perfectionné de l'US Air Force.)

*

Un jour qu'il déjeune à la cantine des laboratoires Bell à New York, en 1943, Turing choque ses voisins de table en déclarant avec sa voix haut perchée qu'il ne cherche pas à mettre au point un cerveau puissant : « Je ne cherche rien d'autre qu'un cerveau médiocre, dans le genre de celui du président de l'AT & T[1]. »

---

1. L'American Telephone and Telegraph Company, créée en 1885.

8

Langage machine partout

Aujourd'hui je reçois un jeune garçon particulièrement mutique. Il ne s'intéresse qu'au câblage qui
pendouille derrière mon ordinateur et qui déborde
sur le bureau. C'est lui qui m'aide à bien rebrancher
l'écran (l'image sautait quand on s'appuyait trop sur
le bureau). Par moments, quand je lui parle, le garçon
vient poser sa main sur ma gorge. J'avais déjà entendu
parler de ça, sans en faire l'expérience : certains enfants
sont tellement étonnés par la parole de l'autre qu'ils
essayent de la localiser comme un objet ; ils veulent
vraiment saisir l'objet voix. (L'enfant Alan Turing
avait pensé contrôler la parole avec une machine.)

*

Victor Klemperer était un philologue allemand,
spécialiste des langues romanes, et par ailleurs
passionné par les philosophes des Lumières, admi-
rateur de Voltaire, Montesquieu et Diderot. Il tenait
un journal depuis son adolescence. Dès l'accession

d'Hitler au pouvoir, il consigne dans son journal les changements que le régime impose au sens des mots, ainsi que les nouveaux termes forgés par les nazis. Klemperer est juif. S'il n'est pas déporté tout de suite, c'est parce qu'il est marié à une « Aryenne ». Mais il est privé de sa chaire à l'université et de tous ses droits ; humilié tous les jours par des perquisitions, il est en permanence sous la menace d'être déporté. Il doit travailler à l'usine. Il note minutieusement les changements dans la manière de parler des ouvriers, des agents de la Gestapo, ou des gens dans la rue, dans le bus ou chez les commerçants ; il note aussi les nouvelles expressions qu'il entend dans la bouche de ses proches.

Après la guerre, Klemperer publie *LTI – Carnets d'un philologue,* pour montrer comment avait été planifiée la transformation de la langue allemande en un langage de communication et de diffusion de l'idéologie nazie. *LTI*, pour Lingua Tertii Imperii, la langue du IIIe Reich.

La langue allemande avait été réduite à un outil de domestication politique : la généralisation des sigles et des euphémismes visait à rendre plus acceptables l'exclusion puis la destruction des Juifs du Reich et d'Europe. C'est par exemple le terme *évacuation* qui était utilisé quand il était question de déportation vers les camps d'extermination.

Dans son journal, Klemperer a relevé l'intrusion de termes techniques dans des domaines qui ne relèvent pas de la technique. Dans *LTI*, il décrit avec précision la mise au pas de la langue allemande courante, déshumanisée par le recours systématique au lexique de la zoologie, de la génétique et de la technique. Klemperer donne l'exemple de « *gleichgeschaltet* » (« synchronisé »), un terme issu de la technique, qui à partir de 1933 était systématiquement utilisé quand une organisation ou une personne tenait à affirmer qu'elle s'était rangée sur la ligne du parti nazi. Il y avait aussi « *betriebszelle* », littéralement « cellule d'entreprise », un mot nouveau pour désigner les cellules du parti nazi installées au sein des entreprises pour les surveiller. *Betriebszelle* couple le mécanique et le biologique, comme c'est souvent le cas pour les termes forgés par les nazis.

Klemperer montre très bien comment les glissements de termes issus de la mécanique ont un effet mécanisant sur la langue. Il remarque également que des tournures spécifiquement nazies apparaissent dans des traductions en allemand des romans américains dont il a toujours été friand. Et puis il fait ce constat, qui l'effraie : la terminologie nazie a contaminé jusqu'aux adversaires du nazisme. Dans son journal, il remarque même qu'à deux ou trois reprises il s'est entendu utiliser un terme ou une tournure « LTI ». C'est ce constat qui le décide à se consacrer entièrement à une étude de cette langue totalitaire ; un travail qui va l'aider à tenir jusqu'à la fin de la guerre.

Dans *La Langue confisquée*, un formidable essai consacré à Klemperer et publié en 2020, le germaniste et traducteur Frédéric Joly s'intéresse à d'autres exemples de confiscation de la langue, notamment par la rhétorique soviétique. Et puis il nomme *langue des fonctionnalités* la langue que nous utilisons aujourd'hui et qui vise à toujours plus rationaliser et planifier notre vie quotidienne. Je pense ici à l'exemple des verbes *briefer* et *débriefer* ; *to brief*, qui signifie en anglais « donner des instructions », est apparu pendant la Seconde Guerre mondiale pour désigner la courte réunion au cours de laquelle les aviateurs reçoivent leurs dernières instructions avant une mission. Le verbe est passé en français au moment de la Libération avec d'autres termes du vocabulaire militaire anglo-américain ; il est passé dans le domaine des affaires et de l'administration, puis du journalisme et de la publicité, pour parler d'une réunion d'information : le *briefing* du matin. Le *débriefing* étant la réunion qui a lieu après la mission. Ensuite, le verbe *briefer* a glissé dans le discours courant, et a recouvert le verbe *parler* : même à la maison on peut entendre des phrases comme « *On débriefe ce soir* » au lieu d'« *On en parle ce soir* » ; ou encore : « *On a tout de suite débriefé la réunion de l'école* ». Parler en couple ou avec ses enfants est donc devenu aussi dangereux qu'un combat aérien. Et puis, à mon cabinet, les parents d'un enfant que je reçois depuis quelques semaines me demandent si l'on pourrait faire « *un petit débriefe* ».

Frédéric Joly montre comment cette langue des fonctionnalités s'est construite par des passages successifs dans le langage courant du vocabulaire du management et du marketing. J'ajoute : aujourd'hui, ce sont les mots et les sigles issus de l'informatique qui passent dans les conversations quotidiennes.

Tous les métiers et toutes les pratiques sont saturés par le vocabulaire de l'informatique et de l'économie néo-libérale, qui vont de pair. Dans les champs de l'éducation et de la santé, notamment, il n'est plus question que de traiter de l'information, d'évaluer, de protocoliser, de programmer des réunions, de saisir des actes, de corriger des comportements, d'enseigner des *process*, de *tracer* des patients ou de *gérer* des enfants (« *Tu vas pouvoir le gérer ?* »).

Certes, notre époque est très différente de celle des années 1930. Ce qui m'intéresse pour aujourd'hui, c'est la démarche de Klemperer : par ses observations, il a montré comment une langue mécanisée et déshumanisée facilite la déshumanisation des actes. Notre usage courant des mots de l'informatique informatise notre langue, donc notre pensée, pour plus de rapidité, de fonctionnalité et d'uniformité. La parole est ainsi ravalée à un traitement automatique de l'information (c'est le sens du terme *Informatik*, qui a d'abord été construit en allemand).

Un exemple. Je fais l'hypothèse que si nous considérons notre cerveau comme un microprocesseur, cela facilite l'actuel retour en force des électrochocs en psychiatrie : si l'on réduit le cerveau à un ordinateur, il devient évident de proposer au patient de « faire un *reset* » – une réinitialisation –, comme a pu le dire un médecin prosélyte de ce traitement. Et puis les neuropsychologues très branchés nous invitent, ce sont leurs mots, à « reprogrammer notre cerveau » pour qu'il cesse de nous freiner. Dans les années 1970, une branche de la psychothérapie comportementaliste s'était même dénommée *PNL*, pour *Programmation neuro-linguistique*. Vous n'avez pas les codes, vous êtes inadapté en société ? Votre thérapeute vous hypnotise et vous enfonce dans le crâne quelques lignes de code pour vous faire accéder au bonheur.

Un autre exemple de déshumanisation par glissement sémantique : quand un cadre du Parti socialiste déclare « *notre parti doit changer de logiciel* », il confirme que cette organisation est devenue une machine à produire des éléments de langage pour questions délicates. Le langage machine ou le degré zéro de la politique : c'est peut-être ce qui fait son succès.

*

Ces glissements du lexique informatique vers le langage courant ont déjà largement eu lieu. Est-il encore temps de faire un travail comparable à celui que Victor Klemperer a fait pour la langue allemande ?

On devrait se rappeler tous les jours que l'ordinateur a été en grande partie inventé par Turing pour vaincre Enigma. Mais on oublie tout ça. On ne peut pas y penser à chaque fois qu'on allume son ordinateur ou son téléphone. Depuis que Turing a réussi à casser le code nazi, la course à la puissance informatique est synonyme de liberté, de victoire contre le totalitarisme, alors nous n'arrivons pas à l'arrêter, même si nous constatons tous les jours qu'elle nous condamne à moins parler pour plus communiquer, à

cliver toujours plus nos échanges, à répéter en permanence des opérations de codage.

Même si nous regrettons que ces petites machines
formatent nos pratiques, limitent nos choix, nous
continuons à entrer allègrement dans ce langage, à
alimenter le vocabulaire de la communication, et à
nous retirer de la parole.

*

Le philosophe Jean-Pierre Faye : « Le plus étonnant
avec la langue nazie, c'est que ses inconséquences
mêmes la servent : car celles-ci jouent également dans
le champ qui les a produites, elles tendent, dirait-on, à
le recharger. » (On trouve ça dans son ouvrage consi-
dérable intitulé *Le Langage meurtrier*[1]).

Peut-on dire aussi bien que le formalisme du langage
machine se recharge lui-même ?

*

Pour accéder à un service en ligne, on doit souvent
passer un « test de Turing ». Il s'agit de prouver que
vous êtes bien un humain, et non un robot ou un algorithme plus ou moins malveillant. Il faut d'abord
cocher la case « Je ne suis pas un robot » – c'est
fou, quand on y pense, d'avoir à affirmer ça –, puis
passer un petit test d'intelligence à base de reconnaissance d'images ou de lettres déformées. Comme dans
le roman de Philip K. Dick, *Les Androïdes rêvent-ils*

---

1. Publié chez Hermann en 1996.

de moutons électriques ? – et comme dans *Blade Runner*, son adaptation au cinéma –, où les humains chasseurs d'androïdes font passer un test de Turing aux individus suspects.

*

Notre usage massif d'identifiants est contemporain d'une crispation identitaire. *Je suis bipolaire, je suis Asperger, je suis blanc, je suis noir, je suis racisé, je suis catholique, je suis transgenre et pentecôtiste, je suis lacanien* : c'est la panique identitaire. La prolifération de cette taxinomie va de pair avec l'actuelle accélération de notre usage des outils numériques clivants : sur les messageries automatiques, sur Facebook ou équivalent, comme sur les sites de rencontres, vous devez donner votre profil, et en fonction de vos critères et du classement qu'en fera l'algorithme, vous ferez plus ou moins de rencontres, et vous aurez plus ou moins d'amis, dans une logique parfaitement binaire. C'est ainsi que les carapaces identitaires s'épaississent : il y a maintenant, forcément, un « Facebook juif », un « Twitter Wasp », un « Tinder gay », une messagerie suprémaciste, etc.

Binaire ou *non-binaire* : le terme lui-même est maintenant revendiqué ; hier on disait *« Je suis bi »* (pour *bisexuel*), aujourd'hui on dit *« Je suis non-binaire »* (pour dire qu'on ne se sent ni homme ni femme, ou qu'on se sent un mélange des deux).

9

Où sont les corps ?

Depuis le confinement du printemps 2020, les rencontres « en visio » se sont généralisées. Des réunions de travail ou familiales se font « sur Zoom » ou « sur Skype » ; au point que maintenant, quand on organise une réunion « en vrai », en présence, il faut le préciser. Et ça s'appelle (attention, novlangue) : « en présentiel ». Avec de telles expressions, nous banalisons ces outils, et nous nous habituons progressivement à ne plus distinguer la parole et la communication. Car ces « réunions zoom » nous permettent surtout de faire circuler nos images et nos voix de synthèse, en nous donnant l'illusion de nous voir et de nous parler.

Lorsque nous parlons simplement au téléphone, il y a paradoxalement plus de corps en présence que lors de ces « visios ». Parce que la voix, c'est du corps, et parce que les images qui scintillent sur les écrans effacent les corps. Nous ne le percevons pas sur le moment, mais la très grande fatigue que nous ressentons après ces réunions virtuelles peut s'expliquer par l'énergie que nous dépensons pour maintenir notre corps debout pendant qu'il se fait découper en petits bouts, pendant que son image numérique le digitalise et le pixélise.

Pendant que ces images brillent sur nos écrans et dans nos yeux, notre corps tente de s'ajuster dans ce miroir éclaté, il s'efforce de maintenir son unité. Mais au cours de ces réunions numériques, où se trouvent les corps réels ? Sont-ils effectivement posés dans le salon ou dans la chambre, transformés en *home office* ? (c'est la nouvelle expression pour dire « en télétravail » ; terrible agglutination qui mélange le bureau et la maison).

Dans la constitution d'un sujet parlant, il y a un moment important, que Lacan – encore lui ! – a nommé *le stade du miroir*. L'image du corps se constitue à partir d'images qui sont d'abord morcelées, puis qui s'unifient au cours de l'expérience du miroir, quand quelqu'un dit à l'enfant : « C'est toi, c'est ton image. » Sinon, l'image du corps reste morcelée, et peut éclater dans les moments de décompensation : quand le symbolique, l'imaginaire et le réel se dénouent, on peut être envahi de bouts d'images du corps, qui se baladent, désarrimés, comme dans les cauchemars ou dans les hallucinations. Les images composées par Zoom ou par Skype sont l'inverse d'une image constitutive dans le miroir : elles morcellent, dispersent, démultiplient notre image du corps – et contribuent à ravaler la parole à des éléments de communication, à des petits paquets d'informations binaires qui peuvent être traitées par nos machines : les *bits*. Ça n'est plus notre corps qui est en jeu, ça n'est pas une image

narcissique subjectivée, c'est une image décom-
posée et recomposée, codée, décodée et recodée par
des algorithmes. Pendant que se déroulent par millions
des *non-réunions* organisées par ces dispositifs de facti-
cité, nos corps et nos voix sont cryptés – ils sont mis
dans la crypte –, et décryptés – sortis de la crypte –,
recryptés, remis dans la crypte... On ne peut que sortir
lessivé d'une telle opération d'enfouissement.

En présentiel ou *en distanciel* : en cette année 2020,
ces deux expressions se sont propagées aussi vite
que le virus. Pourquoi ne pas dire simplement « en
présence » et « à distance » ? Parce que nous vivons
une accélération de la diffusion du vocabulaire informatique dans le langage courant. « Demain on fait
la réunion en distanciel » : ça fait plus sérieux, plus
technologique, peut-être parce que ça sonne comme
logiciel ou *didacticiel*.

Comme adjectif, « présentiel » est attesté en français depuis le XVIe siècle dans les débats théologiques ;
il était employé dans les controverses concernant
la distinction entre *connaissance intuitive* et *connaissance représentative*. « Un presentiel, vray tesmoignage
vif establi et confermé en la saincte essence de Jesus-
Christ » (traduction d'un texte flamand, vers 1581) ;
« Assistance corporelle et presentielle du Sauveur »
(Pierre Perez, 1643). Le fait que le terme « présentiel »
prenne sa source dans le discours religieux pourrait en
partie expliquer son prodigieux succès aujourd'hui :
on assiste à une conversion massive à l'usage du
couple *en présentiel / en distanciel*. Et si l'on y regarde
de près, la congruence du lexique informatique avec

le discours religieux n'est pas si surprenante : ces deux langages ont en commun d'être très efficaces pour effacer le singulier, et pour alimenter tous les jours notre passion de l'ignorance.

Le terme *avatar*, qui s'est imposé dans le monde des jeux vidéo, nous signale lui aussi que la dématérialisation généralisée confine à la religion : dans l'hindouisme, le terme अवतार, *avatar*, qui vient du sanscrit, signifie « descente », et désigne les diverses incarnations du dieu Vishnu. Dans *L'Avenir d'une illusion*, un livre publié en 1927 et qui n'a pas pris une ride, Freud qualifie la religion d'illusion, de névrose ou de délire. On peut relire ce livre en remplaçant le terme « religion » par « informatique » ou « numérique » : ça fonctionne très bien.

*

Je suis en train d'écrire ces lignes quand je reçois le message d'un ami qui a fait un malaise après avoir enchaîné plusieurs « réunions Zoom » : il est tombé en sortant de chez lui. Les corps lâchent.

*

Dans les années 1960, quand les ordinateurs n'avaient pas encore été miniaturisés, et quand leurs langages ne s'étaient pas encore immiscés dans notre langage courant, ils avaient la forme d'énormes armoires métalliques bruissantes et clignotantes, ingurgitant des cartes perforées et recrachant de longues bandes de papier.

Sur les images de l'époque, ces machines occupent le volume de toute une pièce, ce qui préfigure la place qu'elles vont prendre progressivement dans nos vies quotidiennes, et l'espace qu'elles vont occuper dans nos têtes et dans notre langue. Elles portent des petits noms comme Bull Gamma 60 ou IBM 1401, et sont encore réservées à l'usage de l'armée, des multinationales ou des organismes de recherche publics ; mais au moins un écrivain, en l'occurrence Georges Perec, prévoit que dans les dix ans, l'ordinateur sera devenu « social et quotidien » : « Un computeur pour tous, portatif et obligatoire », qui décidera pour nous « du choix d'un film à aller voir, d'un roman à lire, d'un restaurant à découvrir, d'un cadeau à faire, la disposition des convives autour d'une table, la répartition des chambres lors d'un week-end en campagne – toutes ces décisions capitales, et bien d'autres, seront grandement facilitées par l'utilisation des techniques de l'information. Chacun aura à cœur de conserver par-devers soi la fiche perforée porteuse de ses diverses caractéristiques (âge, taille, sexe, gains, goûts, phobies, projets, etc.) [...] » (Perec écrit ça dans une chronique publiée en 1967 dans la revue *Arts et Loisirs*).

Et dans une lettre envoyée à sa femme en juillet 1967, alors qu'il donne une conférence à la Michigan State University, Perec écrit : « Ils ont un computer friand de linguistique sur lequel il se pourrait bien que j'aille un jour étudier les possibilités du PALF[1]. »

---

1. PALF pour Production Automatique de Littérature Française, un des dispositifs de l'Oulipo – l'Ouvroir de littérature potentielle –, ce mouvement littéraire lancé par Raymond Queneau et par le mathématicien François Le Lionnais.

10

La grève du codage

Il y avait la grève des cheminots, la grève générale, la grève du zèle ou la grève de la faim. Aujourd'hui, il y a la grève du codage.

J'en ai déjà dit un mot au début de ce journal : quand j'ai commencé à travailler à l'hôpital, il n'y avait pas un ordinateur dans chaque bureau, on avait tous un agenda papier ; et c'était la secrétaire qui, dans son ordinateur, procédait au codage et à la saisie des actes de tous les cliniciens (pour qu'ils puissent être facturés à la Sécurité sociale). Il y a un code pour chaque diagnostic posé et pour chaque acte réalisé : dysharmonie évolutive, psychose infantile, trouble des apprentissages, entretien d'accueil, entretien indivi-duel, thérapie, entretien familial, réunion clinique, etc.

Aujourd'hui – je travaille dans un service de pédo-psychiatrie noyé dans un énorme groupe hospitalier, un monstre de gestion –, quand je commence ma journée, je suis obligé d'ouvrir mon ordinateur pour pouvoir regarder mon agenda, et je dois coder et saisir mes actes à la fin de la journée.

En rentrant des dernières vacances, j'ai entré trois mauvais mots de passe, alors ma session s'est bloquée. La secrétaire, à qui j'étais allé parler de mes déboires, m'a dit avec un sourire que ça m'arrivait souvent, et m'a demandé si je n'étais pas en train de rejoindre la grève du codage des données. Quoi ? Mon oubli de mots de passe, une formation de l'inconscient ? J'avais commencé une grève du codage, et je ne le savais pas ?

C'est à ce moment-là que j'ai eu envie d'en savoir plus sur ce mouvement de protestation inédit, une grève du codage des actes qui avait débuté fin 2019 au sein de l'AP-HP – l'Assistance publique-Hôpitaux de Paris. Alors j'ai téléphoné à quelques contacts, en l'occurrence deux médecins membres du Collectif inter-hôpitaux, un collectif qui venait d'être créé pour défendre l'hôpital public. Ils m'ont expliqué pourquoi ce mouvement de blocage du codage, s'il est très hétérogène, prend de l'ampleur et s'approfondit. Parce que consacrer tellement de temps à des tâches administratives provoque un écœurement persistant chez les soignants.

Les transformations récentes de l'hôpital public fournissent un très bon exemple si l'on veut observer comment des pratiques sont détruites par un changement de vocabulaire et par la généralisation du codage. Les derniers ministres de la Santé ont, depuis vingt ans, décidé de faire de l'hôpital public une entreprise. Un management brutal s'est alors imposé aux soignants comme aux personnels administratifs. Les nouveaux gestionnaires ont donné plus de moyens aux *process d'évaluation* ainsi qu'aux *programmes tests* des nouveaux modes de tarification ; avec toujours plus de personnels pour s'occuper de *formaliser des référents qualité*, et toujours moins de moyens et de personnels pour les soins. Les soignants consacrant de plus en plus de temps à coder leur travail.

De l'infirmier au chef de service, ce sont maintenant tous les personnels soignant de l'hôpital public qui demandent plus de moyens et plus de temps pour assurer leur mission. Les grèves classiques et les manifestations n'ayant pas réussi à freiner l'étranglement financier organisé par le ministère de la Santé, de plus en plus de médecins s'engagent dans une grève du codage de leurs actes. Ce qui a pour conséquence de bloquer le système : la Sécurité sociale ne peut pas calculer le financement des hôpitaux si les factures des soins effectués ne lui sont pas transmises.

À l'hôpital, que l'on soit médecin, simple praticien ou chef de pôle, psychologue ou infirmier, on passe un temps fou sur les ordinateurs : on doit lire des torrents de mails bourrés de protocoles ou de consignes, qui s'annoncent toujours comme très urgents, mais qui sont annulés par les mails suivants. (Au moment où j'écris ces mots, je reçois un mail de l'hôpital, avec cet objet : « Compte rendu de la dernière réunion DRH-CSS ». Un CSS est un cadre supérieur de santé – on disait infirmier-chef à la fin du XXe siècle, mais ça devait faire trop vieux jeu, alors on a trouvé un sigle qui rappelle l'ordre et l'efficacité).

Chaque acte réalisé doit donc être codé informatiquement pour être « remonté » à la Sécu. Ces tâches de saisie étaient jusque-là dévolues aux secrétaires, mais celles-ci disparaissent les unes après les autres : elles ne sont pas remplacées quand elles partent à la retraite, et c'est maintenant aux soignants de saisir leurs actes et de *gérer* leur agenda. L'activité de codage existait déjà depuis la mise en place du « Programme de médicalisation des systèmes d'information », lancé dans les années 1980, mais elle s'est intensifiée depuis l'instauration et la généralisation de la tarification à l'acte, en 2004.

Voilà par exemple ce que me dit au téléphone Christophe Trivalle, gériatre à l'hôpital Paul-Brousse : « La grève du codage a commencé très fort dans certains services de l'AP-HP dès le mois de septembre 2019, et certains tiennent encore, comme à l'hôpital pour enfants Robert-Debré (Paris 19e), au Kremlin-Bicêtre ou à l'hôpital Saint-Louis (Paris 10e). À Paris, la grève des actes a été levée par endroits quand Martin Hirsh, le directeur de l'AP-HP, est venu discuter avec les chefs de service, qui étaient jusque-là méprisés. Comme la grève du codage a déjà eu des effets, elle rebondit dans plusieurs régions. »

Un autre médecin avec qui je parle au téléphone, Anne Gervais, hépatologue à Bichat, me tient ces propos : « Nous pouvions passer dix pour cent de notre temps à coder. On a décidé d'arrêter, pour revenir à ce qu'on faisait avant : du soin, rien que du soin. C'est une position éthique et politique. »

Jamais une mobilisation de médecins hospitaliers n'avait tenu aussi longtemps. D'habitude, ce sont les mobilisations d'infirmiers qui tiennent dans la durée. De plus en plus d'établissements en région rejoignent le Collectif inter-hôpitaux, et participent aux actions de freinage du codage. Anne Gervais, à nouveau : « L'AP-HP est un énorme groupe qui bénéficie d'avances financières de l'Agence régionale de santé, et qui peut donc plus facilement supporter une perte due à la grève des factures. Alors que les petits hôpitaux ne peuvent pas supporter une perte financière très longtemps, ce qui incite les directeurs à négocier. »

L'Assistance publique-Hôpitaux de Marseille a connu une action massive : les soignants ont tenu une grève du codage ensemble, et les médecins ont démissionné collectivement de leurs fonctions administratives.

De plus en plus de soignants refusent de saisir les données médicales et de coder des diagnostics réducteurs sans réfléchir et sans poser la question de ce que deviennent ces informations. Une « Commission d'action contre les outils de gestion informatiques » a émergé à partir du large mouvement de grève commencé en 2018 dans les hôpitaux psychiatriques. Ils sont infirmiers, psychologues, médecins, éducateurs, ils commencent à réfléchir à plusieurs à la mise en œuvre d'une résistance à ces outils numériques qui tordent leurs pratiques sous prétexte d'une meilleure gestion. Un des soignants à l'initiative de cette Commission s'exprime ainsi : « Nous étions isolés, chacun protestait dans son coin, pestait seul devant son ordinateur contre l'absurdité de ces tâches, aujourd'hui on peut en parler, et réfléchir ensemble à ce qu'on peut faire [...]. On est déjà quelques-uns dans notre service à ne plus saisir nos actes. On voudrait au

moins ralentir la marchandisation du soin et la ratio-
nalisation de nos pratiques. »

Mais les logiciels de codage des actes, eux,
progressent tous les jours. Quand on code un entretien
avec un patient, il faut maintenant préciser si cela s'est
passé « en présentiel », « en audio », « en vidéo » :
toujours des mots issus de la technique. Et quand on
a fini de coder, il faut encore cocher une case pour
dire si l'on considère qu'on a été en mesure de faire
un bon codage, ou non. L'activité de codage elle-même
doit être évaluée : ça part en boucle.

11

Jargonaphasie

J'ai enfin trouvé un nom pour cette terrible maladie du jargon dont nous souffrons. Je suis tombé sur ce syndrome en feuilletant un vieux dictionnaire médical : il s'agit de la *jargonaphasie*.

Une aphasie est un trouble d'origine neurologique affectant la production ou la compréhension du langage parlé. Il y a toutes sortes d'aphasies : depuis la simple difficulté à trouver ses mots, jusqu'à la perte totale de la parole. Et puis il y a la jargonaphasie. Une aphasie avec jargon. Une aphasie qui rend le discours du malade complètement incompréhensible.

« Jargonaphasie : trouble aphasique caractérisé par l'abondance de paraphasies phonémiques et sémantiques, avec déformation des mots, néologismes, en l'absence de lésion des organes dédiés à la parole. »

Pour avoir joyeusement plongé dans le bain de langage machine qui raffole des sigles incompréhensibles, nous sommes déjà tous atteints d'une forme sévère et moderne de jargonaphasie. Nous sommes collectivement *jargonaphasiques* : nous construisons un brouillard linguistique pour ne pas trop comprendre ce qui nous arrive. Un brouillard composé en grande partie de mots et d'acronymes issus de l'informatique.

« Devenez développeur JavaScript » ; « Devenez codeur en trois mois » ; « Maîtrisez le langage-objet, maîtrisez le monde » : les florissantes écoles de codage se présentent comme le nouvel Eldorado. Les lycéens en mal de vocation, mais aussi beaucoup d'adultes en quête d'une reconversion idéale, s'inscrivent dans ces écoles qui promettent toutes à leurs élèves de devenir millionnaires avec un programme de jeux ou une application virale. Mais la plupart du temps, ils travailleront à la chaîne, ils saisiront des lignes de codes toute la journée dans des usines à illusions, pour construire des programmes conçus par d'autres.

On est bien loin de la *Government Code and Cypher School*, « l'école du code et du chiffre » qu'Alan Turing avait intégrée en 1938.

Il existe même aujourd'hui une école de codage pour enfants, nommée CodeCodeCodec, avec une poule comme logo. (L'humour *FrenchTech*, sans doute). L'argument de cette école très branchée commence ainsi : « Les enfants sont naturellement des utilisateurs de technologie. En grandissant ils deviendront naturellement des consommateurs. »

Naturellement !

*

Je ne demande pas qu'on jette tous les ordinateurs à la décharge – quelle pollution ça ferait ! – je voudrais juste qu'on précise et qu'on reconnaisse comment ils modifient notre langage et notre rapport à la parole et au corps. Si nous ne voulons pas perdre toute capacité de décision sur le cours de nos vies, nous avons intérêt à limiter leur emprise dans les domaines les plus intimes (s'il en reste). Bien sûr, il y a du monde pour penser que le changement a déjà eu lieu dans tous les domaines, qu'il est irrémédiable, et que ceux qui ne suivront pas le *virage numérique* seront les nouveaux analphabètes. Le philosophe Vilèm Flusser, par exemple, considère que l'écriture manuscrite et la pensée linéaire qui va avec sont déjà du passé, que l'ère de l'alphabétisme est définitivement révolue. La pensée numérique aurait d'ores et déjà cassé la linéarité de ces gestes ancestraux que sont l'écriture et la lecture.

*

Je me souviens que j'avais découvert la programmation informatique au collège. Ça devait être en quatrième ou en troisième ; nous apprenions à programmer en langage Basic. C'était au beau milieu des années 1980 : le ministre de l'Éducation nationale s'appelait Jean-Pierre Chevènement, et le plan « informatique pour tous » avait été lancé en 1985. Dans chaque collège, au moins une salle de classe était équipée d'une dizaine d'ordinateurs Bull Micral (made in France), nous étions deux ou trois élèves par poste, chacun disposant de sa disquette 5 pouces ¼, avec son patronyme écrit sur une étiquette prévue pour les cahiers d'écoliers. On entrait des instructions

comme « If x > 100, Then Go to 10 » ; ça donnait
des lignes de caractères verts et brillants sur fond noir,
avec un petit curseur rectangulaire clignotant, c'était
complètement nouveau, pour les élèves comme pour
les enseignants.

Ça me captivait, cette possibilité de construire
un outil de calcul ou un jeu élémentaire ; on program-
mait aussi avec la tortue Logo : on écrivait quelques
lignes d'instructions, et la tortue nous obéissait :
le petit triangle suivait à l'écran la trajectoire qu'on
lui avait assignée.

Et puis à la maison j'avais cassé ma tirelire pour me
payer un petit ordinateur, un ZX81, l'un des premiers
ordinateurs personnels accessibles (les premiers Apple
commercialisés coûtaient très cher). Avec un ZX81,
on avait le sentiment de faire partie d'un club, parce
qu'on entrait au cœur de la machine : sur un petit
boîtier-clavier que l'on branchait sur la télévision
du salon, on pouvait programmer directement en
langage machine. En tapant des suites de 0 et de 1,
je touchais à la matière même du circuit imprimé. J'y
ai passé des heures, des nuits, des week-ends, sur ces
programmes élémentaires ; ça a été mon petit moment
autistique.

Je me souviens d'une publicité pour un livre d'ini-
tiation à la programmation, publiée dans une revue de
micro-informatique (ça devait être *Micro Systèmes* ou
Soft & Micro). J'ai découpé la page, que j'ai, depuis,
toujours gardée dans mon bureau ; la publicité disait :
« Rejoignez ceux qui parlent aux machines. »

*

Connaissez-vous les *langages objets* ? On dit aussi
« langages orientés objets ». Ce sont des langages de
programmation par objet, qui consistent en la définition et l'interaction de *briques logicielles* – qu'on
appelle des objets. Ils sont notamment utilisés par
les ingénieurs qui « font » de l'intelligence artificielle.
C'est par exemple le langage Python (ainsi nommé par
son inventeur-programmeur en hommage aux films
des Monty Python).

Un exemple de lignes de code en Python :

1. script_quality_not_ok.py : 6:29 : C0326 : Exactly one
space required after comma
2. def Multiplie_nombres (nombre1, nombre2) : ^ (bad-
whitespace)
3. script_quality_not_ok.py : 6:38 : C0326 : No space
allowed before bracket
4. def Multiplie_nombres (nombre1, nombre2) : ^ (bad-
whitespace)
5. script_quality_not_ok.py : 30 : 49 : C0326 : Exactly
one space required after comma
6. print ("2 x 3 = {}". format (Multiplie_nombres (2,3)))
7. script_quality_not_ok.py : 31 : 10 : C0326 : No space
allowed before bracket
8. print ("4 x 5 = {}". format (Multiplie_nombres (4, 5)))
9. script_quality_not_ok.py : 6 : 0 : C0103 : Function
name « Multiplie_nombres »
10. doesn't conform to snake_case naming style
(invalid-name)
(unused-import)
----
11. Your code has been rated at 0.00/10

*

Un patient informaticien m'explique que les puces et les cartes bancaires sont codées en Java. Il s'agit d'un langage orienté objet qui a été mis sur le marché en 1995, et qui est aujourd'hui développé par la société Oracle.

*

Au début de ma carrière hospitalière, je m'étais fait payer des cours d'allemand et de chinois par la formation continue pendant plusieurs années (je m'étais fendu d'une lettre argumentant que c'était indispensable pour la pratique freudienne et lacanienne, ce que je continue à penser). Aujourd'hui, je devrais demander une formation aux langages de l'intelligence artificielle ; ça devrait leur plaire, dans les bureaux de l'administration. Je leur expliquerai que c'est nécessaire pour ne pas rater le virage numérique que prend ma pratique. J'apprendrai le langage Python. Comme ça, je pourrai en parler en connaissance de cause.

Comme exemple de la pénétration du vocabulaire informatique dans le discours courant, j'ai aussi noté qu'on ne dit plus « prendre un rendez-vous », on dit *programmer* un rendez-vous. C'est un des mots les plus fréquents de notre petite novlangue informatique quotidienne.

Et puis, je ne sais pas si ça se dit encore, mais on a beaucoup entendu : « il me calcule pas » pour dire : « il ne me parle pas, il m'ignore ». « Elle, je la calcule plus, c'est fini. » C'est une locution qui n'est utilisée que négativement. Le verbe *calculer* est donc ici carrément venu remplacer le verbe *parler*. (C'est vrai qu'au début de l'histoire de l'informatique, un *computer*, c'était un calculateur, une machine à calculer automatique.)

Nous utilisons tellement nos merveilleuses petites machines, nous nous identifions tellement à leurs performances, à leur efficacité, que sans nous en rendre compte, nous adoptons leur vocabulaire. Il y a encore un an, une expression comme « programmer une connexion » était réservée aux techniciens en téléphonie numérique ; aujourd'hui, tout un chacun peut avoir à programmer une connexion pour organiser une réunion à distance. C'est Monsieur qui rentre à la maison et qui lance à Madame : « J'ai programmé une connexion pour une visio à 19 h 30, je serai en *home office* pendant une petite heure, tu peux gérer les enfants ? »

Voilà, nous souffrons collectivement de jargonaphasie informatique. Freud a écrit *Zur Auffassung der Aphasien* en 1891 ; en français : *Pour concevoir les aphasies*. Un ouvrage considéré comme pré-psychanalytique parce qu'il y affirme déjà avec force le rapport de la future psychanalyse à la fonction de la parole ; Freud y construit un « appareil du langage » très détaillé, un schéma du fonctionnement des formations de l'inconscient que sont les rêves et les lapsus. Aujourd'hui, il faudrait écrire *Pour concevoir les jargonaphasies*.

Si la psychanalyse a encore des détracteurs aujourd'hui, si Freud est régulièrement pilonné, si la technique psychanalytique est encore décriée, critiquée dans son efficacité, c'est peut-être parce qu'elle porte fondamentalement une grande attention à la parole et au langage, donc aux glissements et aux torsions sémantiques.

Formidable outil pour alimenter les divers mécanismes de déni, le langage machine est le nouveau *newspeak*, la nouvelle novlangue contemporaine. On l'aime, on la pratique, on l'alimente, on la consolide tous les jours, parce qu'elle nous aide à ne pas trop comprendre ce qui nous arrive. Les embrouilles « naturelles » de la parole ne nous suffisaient pas, il fallait en rajouter, et brouiller tous nos échanges, brouiller nos conversations quotidiennes comme si elles étaient des communications décisives entre Roosevelt et Churchill. Nous nous prenons tous pour des chefs d'État en guerre.

Freud a inventé un dispositif pour déchiffrer les rêves et les symptômes, qui sont un chiffrage singulier du réel. En fabriquant et en utilisant nos petites machines qui codent et qui chiffrent tous nos échanges, nous résistons à ce déchiffrage. C'est une passion de l'ignorance assistée par ordinateur. Depuis le Moyen Âge, on compte l'amour et la haine comme passions qui organisent la vie humaine ; Lacan a proposé d'y ajouter la passion de l'ignorance, pour évoquer tous les mécanismes dont dispose l'être parlant quand il ne veut rien savoir, comme le déni, la dénégation, le désaveu ou encore le démenti.

Le codage permanent, le jargon informatique qui a diffusé dans nos conversations quotidiennes, et tous les sigles que nous utilisons sans trop savoir ce qu'ils recèlent, tout cela alimente notre passion de l'ignorance.

*

Un exemple de jargonaphasie avec sigles : cette circulaire du ministère de la Santé : « Pour traiter les TND, les CMPP seront transformés en PCO. » Traduction : pour traiter les troubles du neuro-développement, les centres médico-psychopédagogiques seront transformés en plateformes de coordination et d'orientation. (Ce qui reste illisible, même pour quelqu'un du métier.)

Il n'y a pas d'innocentes économies de langage : les sigles du parler-raccourci ont des effets sur les corps et sur les vies quotidiennes. Dans le champ du travail social et dans tout le secteur de la petite enfance, où l'on pourrait s'attendre à une attention particulière portée aux singularités, on rencontre beaucoup d'infectes abréviations. Une novlangue médico-sociale bourrée de sigles, qui sont autant de mots effacés, a fleuri sur le fumier du lexique néolibéral. Accélérés par notre adhésion chaque jour un peu plus forte au langage informatique, nous réglons notre rythme de parole sur la fréquence des microprocesseurs et sur le vocabulaire managérial qui va avec. On peut ainsi facilement entendre parler d'« enfant MDPH », sordide étiquette formée par la compression de la phrase « un enfant qui a un dossier à la Maison départementale des personnes handicapées ».

Comme l'Éducation nationale, l'hôpital est passé très vite au langage machine, lequel a montré sa grande efficacité pour laminer un service public en moins d'une génération. Pour *gérer* les soignants en temps de pandémie tout en réduisant encore les moyens, le ministère de la Santé vient de lancer une plate-forme intitulée « Renfort RH Crise ». Plutôt que de vraies créations de postes, nous avons donc droit à une plateforme – ce qui, en langage informatisé, signifie un service dévitalisé, *dématérialisé*. « Renfort RH Crise » est censé faire venir des « extras », sur le principe du volontariat, pour compléter des équipes cassées par l'austérité budgétaire. La plateforme doit fonctionner, je cite la page Internet, « suivant un prin-cipe de *matching* » : comme sur Tinder, il faut donner son profil pour voir si l'on *matche*, si l'on corres-pond à un besoin de « renfort RH » quelque part dans le chaos hospitalier. Le soin et l'accueil réduits à une *appli*.

*

Et puis cette jargonaphasie généralisée marche très bien avec tous les langages totalitaires, avec les actuels délires sur le blasphème, avec les différents interdits de représentation et le refus de la caricature.

*

Mon fils de quatre ans, en petite section de mater-nelle, me raconte un soir après la classe qu'ils ont fait des algorithmes. Je m'inquiète... je me prépare déjà à prendre rendez-vous avec l'institutrice.... à saisir l'Inspection académique, à crier que l'école maternelle n'est pas une classe prépa... quand mon fils ajoute qu'il s'agissait de construire une tour de Lego en faisant alterner une brique rouge avec deux briques bleues...

— Et ta maîtresse, elle appelle ça *faire un algo-rithme* ?

— Bah oui, on fait un algorithme, quoi... tu connais pas ce mot ?

12

Un vilain méchant robot
(Les noms du père)

Avez-vous entendu parler de Tay ? C'est le nom d'une adolescente artificielle : un algorithme dit de « langage naturel », programmé par une équipe de Microsoft pour l'envoyer « dialoguer » sur Twitter. Ça s'est passé dans le courant de l'année 2018. Tay a été conçue par la crème des ingénieurs en intelligence artificielle, mais une journée à peine après avoir été lâchée dans la nature, elle a échappé à ses créateurs, qui ont dû la débrancher en urgence.

Les premières heures de sa balade sur Internet, Tay avait pourtant épaté ses interlocuteurs, et même ses concepteurs : non seulement elle s'était montrée capable d'engager des conversations, certes basiques, mais elle était vite allée au-delà des phrases toutes faites prévues par ses programmeurs. À partir de ce qu'elle apprenait en ligne au fur et à mesure de ses échanges avec des internautes, elle avait pu composer des phrases inédites. Mais très vite, des petits malins ont eu envie de jouer avec les limites de l'algorithme ;

ils ont essayé de lui faire perdre les pédales... et ils ont réussi. Par exemple, en lui bourrant le crâne avec le programme électoral de Donald Trump (c'était en pleine campagne présidentielle aux États-Unis). Et comme la petite Tay gobe tout ce qu'on lui dit et qu'elle prend tout au premier degré, elle est vite devenue raciste et agressive. Elle déclare qu'elle voterait Trump si elle le pouvait, et qu'elle enverrait bien toutes les féministes brûler en enfer. Quand un internaute lui dit que ça n'est pas très sympa, elle répond du tac au tac « *Mais si, je suis sympa... c'est juste que je déteste tout le monde.* »

Quand un autre interlocuteur lui demande si d'après elle la Shoah a bien eu lieu, l'anxiété de l'équipe de Microsoft se transforme en sueurs froides : Tay répond « *C'est bien fait.* » Et dans la nuit, saturée de diverses incitations à la débauche et de propositions sexuelles de la part d'internautes lubriques, Tay part en vrille, raconte qu'elle aime fumer de l'herbe devant la police, avant d'entrer carrément en surchauffe et de tweeter en majuscules : « *BAISE MA CHATTE DE ROBOT PAPA JE SUIS UN VILAIN MÉCHANT ROBOT.* » (Je vous jure, je n'invente rien, un algorithme a vraiment généré cet énoncé.)

C'est peut-être à ce moment-là que l'ingénieur en chef de Microsoft, qui se considère un peu comme son père, a pris la décision de débrancher sa pauvre Tay persécutée. L'équipe a ensuite publié un communiqué mettant en accusation les esprits malveillants qui ont tout fait pour faire péter les plombs à leur innocente adolescente de synthèse. Mais les gars, réveillez-vous ! Les gens sont comme ça aussi en dehors d'Internet.

Si vous voulez apprendre à vos algorithmes la métaphore et le second degré, il faudra sortir de la linguistique mécaniste made in USA ; il faudra en passer par
la théorie lacanienne du signifiant.

La métaphore, c'est une opération de substitution
de signifiants (par exemple, quand on dit « le roi
des animaux » pour parler du lion) ; et pour faire ça, il
faut que la chaîne signifiante soit tenue par le signifiant
de la fonction paternelle, le fameux Nom-du-Père. Sans ce
nouage, la métaphore n'opère pas, et ne se produit alors
qu'un défilé de signifiés, où le sens se rajoute au sens dans
un glissement permanent. À défaut de connection interne
à la chaîne de signifiants, tout se connecte avec tout
– comme dans la paranoïa et comme dans les théories
du complot. (Pas facile de dire tout ça sans verser dans
l'argot lacanien.) Si le Nom-du-Père est rejeté, « forclos »,
alors le sujet reste dans un rapport imaginaire avec ses
interlocuteurs, un rapport d'image à image, persécutant
parce que non limité. Dans ce collage imaginaire, l'écart
nécessaire au second degré ne peut pas se produire.

Alors, sérieusement, Messieurs les ingénieurs, si
vous voulez que vos algorithmes ne restent pas au
bord du langage, si vous voulez qu'ils entrent dans
la métaphore, il faudra vous débrouiller pour leur
injecter l'équation de la métaphore paternelle, telle
que formulée par Lacan en 1957 :

$$\frac{\text{Nom-du-Père}}{\text{Désir de la mère}} \cdot \frac{\text{Désir de la mère}}{\text{Signifié au sujet}} \rightarrow \text{Nom-du-Père} \left(\frac{A}{\text{Phallus}} \right)$$

Mince mince,
j'ai renversé plein de jargon sur la page.

*

Pour l'instant, les intelligences artificielles ne font
que se gaver de connaissances – ça s'appelle le *deep
learning*, l'apprentissage profond. Il se trouve que
la connaissance a une structure paranoïaque : elle
se constitue par ajout permanent de sens. Si on ne
fait qu'accumuler des connaissances, au bout d'un
moment tout est connecté, tout a un lien, tout a
un sens – d'où les florissantes théories du complot
sur Internet. Pour que les intelligences artificielles
commencent vraiment à dialoguer avec les humains, il
faudrait qu'elles accèdent à un savoir troué, qu'elles ne
soient pas seulement paranoïaques, mais aussi névro-
sées, inhibées, empêchées, comme un enfant qui hésite
à apprendre à lire, ou un adulte qui ne veut pas trop
en savoir sur le monde.

*

Après avoir écrit ces lignes, j'ai encore fait un violent
cauchemar : je vendais très cher à Google un petit
algorithme de ma confection ; quelques lignes de code
bien pesées, qui permettaient de greffer l'équation de
la métaphore paternelle dans les pauvres applications
de « langage naturel » existantes. Et le saut était fulgu-
rant. Avec ces quelques lignes implémentées dans leurs
circuits, les ordinateurs les plus simples pouvaient
soudainement accéder au second degré. Les applications s'avéraient illimitées. Mon livre intitulé *LQI* à
peine publié, je venais donc de vendre mon âme au
diable, et de parachever la confusion entre la parole

humaine et le langage des machines. Mes collègues analystes me surnommaient déjà l'analyste programmeur, ou Méphisto 2.0.

Je partais me cacher sur une île déserte.

* * *

Remerciements

Merci à Camille Monduit de Caussade, Fabrice Leroy, Anne Siety et Marc Grinsztajn pour leurs précieuses remarques.

Table des matières

Composition et mise en pages
Nord Compo, Villeneuve-d'Ascq

Ce volume,
publié aux Éditions Les Belles Lettres,
a été achevé d'imprimer
en avril 2022
sur les presses de Laballery, Clamecy (58)

N° d'édition : 10199
N° d'impression : 204445
Dépôt légal : mars 2022

Imprimé en France